Ich rätsle, also bin ich ...

STEFAN HEINE

ICH RÄTSLE, ALSO BIN ICH ...

... schlau und glücklich

Campus Verlag
Frankfurt/New York

Unter Mitarbeit von Daniel Rettig

ISBN 978-3-593-51680-6 Print
ISBN 978-3-593-45329-3 E-Book (PDF)
ISBN 978-3-593-45328-6 E-Book (EPUB)

Umschlaggestaltung: *zeichenpool, München
Umschlagmotiv: © shutterstock/polosatic, dreysse.com (Autorenfotos)
Redaktion: Lisa Freienberg
Satz: inpunkt[w]o, Haiger (www.inpunktwo.de)
Gesetzt aus der Livory und DIN Next
Druck und Bindung: Beltz Grafische Betriebe GmbH, Bad Langensalza
Beltz Grafische Betriebe ist ein klimaneutrales Unternehmen
(ID 15985-2104-1001).
Printed in Germany

www.campus.de

Für Helena, Hugo und Hannibal

Inhalt

Im Rausch der Rätsel
Warum ich dieses Buch schreibe 9

Wer Rätsel löst, kann auch Ikea-Möbel aufbauen
Wieso Knobeln unsere Problemlösekompetenz trainiert 27

Trendsport Brainfitness
Gehirnjogging und Gedächtnistraining auf dem Prüfstand. 45

Die ganz harten Nüsse
Was es uns bringt, das besonders Knifflige zu lösen 59

Einer wird gewinnen!
Vom Reiz der Rätselwettbewerbe. 83

Das potenzierte Glück
Wie Rätseln und Raten gemeinsame Momente schafft. 103

Methusalem wurde 969 Jahre alt
Vom Glück des unnützen Wissens. 121

Heureka!
Wie beim Rätseln der besondere Glücksmoment entsteht. 141

Im Rätselflow
Warum wir mit Rätseln entspannen und besser einschlafen. 165

Die Wortspieler
Wann Rätselmacher selig sind 181

Ausblick
Was die Rätselwelt von morgen bringt 197

Anmerkungen 209

Im Rausch der Rätsel

Warum ich dieses Buch schreibe

Das Leben gleicht manchmal einem Rätsel. Aber so ein Rätsel hat auch ziemlich viel mit dem Leben gemeinsam. Es kann uns zum Nachdenken bringen und vor Probleme stellen. Es kann uns verwirren, verblüffen oder verzweifeln lassen. Und richtig Spaß macht es nur, wenn es den schmalen Grat trifft zwischen Anspannung und Entspannung, weder zu leicht ist noch zu kompliziert, uns nicht unter- und auch nicht überfordert. Aber wenn wir zurückblicken und uns erinnern an jene Momente, in denen uns alles – nun ja – rätselhaft erschien, wir nicht mehr weiterwussten und schon aufgeben wollten, dann müssen wir schmunzeln über unsere damalige Unsicherheit, Unkenntnis und Ungeduld. Sobald wir es vom Ende her betrachten und die Lösung kennen, ergibt vielleicht nicht unbedingt alles Sinn. Aber das meiste.

Bei mir sind daher manche meiner Nächte zwar nicht unbedingt schlaflos, jedoch durchaus rätselhaft. Wortwörtlich. In meinem nächtlichen Kopfkino flimmern Sudoku-Kästchen, Zahlenfolgen, Symbole und sich kreuzende Begriffe über die Leinwand. Auch tagsüber wird mir manchmal die ganze Welt zum Rätsel. Dann zum Beispiel, wenn ich an einem Haus vorbeikomme, die Anordnung der Fenster sehe und – ohne es bewusst darauf anzulegen – spontan überlege, wie ich sie mit Ziffern füllen könnte. Oder wenn ich die Aufschrift eines Firmenschildes lese und mir direkt eine Wortknobelei dazu ausdenke. So werden aus »SAT-Anlagen« in meinem Kopf die »Satan-Lagen«, und die passende Definition habe ich auch schnell parat: »Die Schichten des Teufels«. Schon wieder ein Begriff für ein Kreuzworträtsel der Kategorie *Um die Ecke gedacht*.

Nein, das ist kein seltsamer Tick, kein Spleen, keine Marotte. Es ist eher eine Berufskrankheit: Ich bin professioneller Rätselmacher.

Seit mehr als 25 Jahren produziere ich alle denkbaren Arten von Rätseln und Quiz – vom Wort- bis zum Zahlenrätsel – analog und digital für unzählige Tageszeitungen, Magazine, Kalender, Bücher, Webseiten und Apps.

Währenddessen hat mich schon immer beschäftigt, was beim Rätseln eigentlich genau in unserem Gehirn passiert und welche kognitiv-psychologischen Mechanismen dabei in Gang gesetzt werden, wie uns die beim Rätseln und Raten trainierten Fähigkeiten in anderen Bereichen nützlich sein könnten und ob wir dadurch tatsächlich und messbar unsere Intelligenz steigern.

Die Antworten auf all diese und sicher noch viele weitere Fragen finden Sie in diesem Buch.

Mein erstes Rätsel

Wieso ausgerechnet ich über all diese Dinge nachdenke und sie nun nach einem Vierteljahrhundert zu Papier bringe? Weshalb ich einen Beruf gewählt habe, für den es weder eine Ausbildung oder eine Lehre noch ein Studium gibt? Und warum mir in all den Jahren die Rätselfaszination niemals abhandengekommen ist, sondern sich eher noch vergrößert hat?

Das lässt sich rückblickend ziemlich leicht erklären. Rätsel haben mich schon sehr früh interessiert. Meine Rätselbegeisterung wurde spätestens ausgelöst von einer von mir sehr geliebten und bewunderten Person: Meine Großmutter hatte ihr Haus nur 200 Meter von meinem Elternhaus im schleswig-holsteinischen Städtchen Eckernförde entfernt. Deshalb durfte ich schon als kleiner Junge alleine zu ihr laufen und musste dort als Erstes das »Ist Oma Zu Hause?«-Rätsel lösen. Um die Lösung zu erhalten, musste ich lediglich durch das Schlüsselloch ihrer Eingangstür gucken. An dieser Stelle ein kurzer Hinweis für die jüngeren Leserinnen und Leser: Viele Haustüren, besonders in ländlichen Gegenden, hatten früher Schlösser mit dicken Schlüsseln. Das bedeutete für mein Rätsel: Wenn ich durch das

Schlüsselloch in den Flur blicken konnte, war der Schlüssel weg und Oma fort. War das Loch blockiert, steckte der Schlüssel von innen. Dann war Oma zu Hause.

Wenn ich eintrat, ging es mit dem nächsten Rätsel weiter, im übertragenen wie im buchstäblichen Sinne. Dann war ich jedoch nur Zuschauer. Meine Oma saß gerne stundenlang hochkonzentriert in einem gemütlichen Sessel im Erker ihres Hauses. Die Kaffeetasse neben sich, ein Kreuzworträtsel vor sich. Wenn sie fertig war, ging sie in den Garten, um Stachelbeeren zu pflücken, die es dann als Nachtisch zum Abendessen gab. Aber stets erst dann, wenn sie mit dem Rätsel fertig war.

Jedes Mal, wenn ich heute Stachelbeeren esse, denke ich zurück an meine Kindheit, an die Besuche bei meiner Oma, und insbesondere daran, wie schnell sie ihre Rätsel löste. Immer jene aus Klatschzeitschriften wie *Das goldene Blatt*, immer von links oben nach rechts unten, ohne den Stift auch nur einmal abzusetzen. So akkurat wie akribisch, ohne Zögern, ohne Pause.

Ich fand diese besondere Mischung aus Stille und Selbstverständlichkeit, aus Disziplin und Routine schon als kleiner Junge faszinierend, und diese Faszination ist nie ganz verschwunden. Ich hielt meine Oma damals für unglaublich schlau und beneidenswert glücklich. Und ich glaube, dass ich auch wegen ihr den Beruf des Rätselmachers gewählt habe.

Von Beruf Rätselmacher? Keine Sorge, ich kann mir bildlich vorstellen, wie Sie jetzt dreinschauen. Diesen Blick bin ich gewöhnt. Sie kennen sicher den Klassiker eines Gesprächseinstiegs auf jeder Party: »Und, was machst du so?« Früher habe ich darauf immer geantwortet: »Ich mache Rätsel.« Meistens war das Gespräch dann schnell vorbei, weil mein Gegenüber davon ausging, dass ich arbeitslos zu Hause herumsitze und Kreuzworträtsel löse. Und diese Vorstellung führte, vorsichtig formuliert, nicht unbedingt dazu, dass der- oder diejenige sich dann unbedingt mit mir weiter unterhalten mochte. Wenn ich einen ruhigen Abend verbringen und in Ruhe gelassen werden wollte, war diese Strategie natürlich nicht verkehrt. Andererseits ist es mitunter ganz schön, neue Menschen kennenzulernen. Deshalb habe ich mir inzwischen ein paar Antworten zurechtgelegt, die die Wahrscheinlichkeit einer Rückfrage und eines echten Gesprächs signifikant steigern.

Wie bei Karl dem Großen

Zum Beispiel sage ich gerne: »Ich bin Rätselmacher.« Das verwirrt die Leute zwar immer noch, aber die meisten Menschen sind dann gleichzeitig neugierig. Meist kommt dann als erste Gegenfrage, ob man davon denn leben könne, und ich versuche meinem Gegenüber möglichst schnell die Vorstellung des einsamen Einzelkämpfers zu nehmen. Denn immerhin verdienen auch meine acht Angestellten und diverse freie Mitarbeiter und Mitarbeiterinnen ihr Geld auf diese Weise. Und den Beruf des Rätselmachers gibt es nicht erst seit heute, sondern spätestens seit Karl dem Großen!

Ja, tatsächlich. Wenn er nicht gerade damit beschäftigt war, das Heilige Römische Reich zu gründen, löste der karolingische König gerne Rätsel. Sein Wissensdurst war so groß, dass er sogar jemanden anstellte, um ihm ständig neue zu liefern: Der angelsächsische Gelehrte Alkuin leitete nicht nur Karls Palastschule. Er sammelte für seinen Chef auch die *Propositiones ad acuendos iuvenes*, was frei übersetzt so viel heißt wie »Aufgaben zur Schärfung des Geistes der Jugend«.[1] Schon damals fürchtete die herrschende Klasse offenbar um die intellektuellen Kapazitäten nachfolgender Generationen.

Bei den Unterlagen handelt es sich um die älteste mathematische Aufgabensammlung in lateinischer Sprache, einige der darin enthaltenen Knobeleien sind noch heute beliebt. Das bekannteste ist vermutlich das sogenannte Flussüberquerungsrätsel, das ich im Jahr 2016 im Rahmen meiner Tätigkeit als Co-Moderator an der Seite der wundervollen Andrea Kiewel im *ZDF Fernsehgarten* mit den anwesenden Zuschauern löste.

So geht es (die Antwort auf das Rätsel finden Sie am Ende des Kapitels auf den Seiten 24 bis 25):

Ein Mann muss mit einem Wolf, einer Ziege und einem Kohlkopf einen Fluss überqueren. Das einzige Boot kann aber neben ihm nur eine weitere der drei Sachen transportieren. Wie schafft er es, ohne dass der Wolf die Ziege oder die Ziege den Kohl frisst?

Die ersten professionellen Rätselmacher tauchten allerdings erst gegen Ende des 19. Jahrhunderts auf. Der Amerikaner Sam Loyd gilt als erster, der ab dem Jahr 1860 durch seine Anstellung beim Magazin *Chess Monthly* davon leben konnte. Er gilt noch heute als einer der größten Spieleerfinder aller Zeiten. Für die Rätselspalten von Zeitungen entwickelte er nicht nur Tausende kleiner Schachaufgaben, sondern auch weltbekannte mathematische Rätsel und Knobeleien. Sein Gegenspieler in Europa war ein Mann namens Henry Ernest Dudeney, der heute als Englands größter Rätselerfinder gilt.[2]

So etwas würde ich von mir natürlich niemals behaupten. Ein paar Gemeinsamkeiten haben wir dennoch. Auch Dudeney zeigte schon als Kind ungewöhnliche Interessen. Seine größte Leidenschaft galt dem Schachspielen, bereits mit neun Jahren veröffentlichte er seine ersten Rätsel in der Lokalzeitung. Meine Mutter wiederum händigte mir abends gerne einen Zettel mit Mathematikaufgaben aus. Wenn ich sie am nächsten Morgen korrekt gelöst hatte, erhielt ich 15 Pfennig.

Mein Vater konnte sich für solche Knobelaufgaben weniger begeistern. Stattdessen hatte er andere Pläne für mich: Ich sollte eines Tages sein Geschäft übernehmen. Zunächst führte in Eckernförde lediglich eine Zahnarztpraxis nebst Labor, die ihn aber offenbar nicht genug auslastete. Denn ein paar Jahre nach Eröffnung der Praxis schuf er sich noch ein zweites Standbein – und zwar durch einen lustigen Zufall. Vor meiner Geburt fuhr er mit meiner Mutter in den Skiurlaub in die Schweiz und bestellte sich in einem Restaurant Räucherlachs. Doch weil der ihm nicht schmeckte, brachte er im nächsten Jahr seinen eigenen Fisch von der Ostsee mit und gab dem Wirt etwas davon ab. Der war direkt begeistert und fragte meinen Vater, ob er ihm nicht eine Lieferung aus unserer Heimat schicken könne. So startete im Jahr 1968 in Eckernförde »Heines Lachsversand«, den es heute noch unter dem Namen »Heine Delikatessen« gibt.

Nun war mein Vater tagsüber Zahnarzt in seiner Praxis und am Feierabend zusammen mit meiner Mutter Lachshändler in unserer Garage. Wie er das zeitlich schaffte, ist mir bis heute ein (ungelöstes) Rätsel. Aber mein Vater war nicht nur ein begabter Multitasker, sondern auch ein gewiefter Stratege. Weil er gerne langfristig plante, hatte er sich schon Gedanken über seine Nachfolge gemacht. Leider spielte ich in diesen Überlegungen die Hauptrolle. Vielleicht deshalb, weil ich bereits als Kind einen ungewöhnlichen Sinn für das Geschäftliche zeigte.

Schon im Alter von vier Jahren beherrschte ich die Grundrechenarten. Nicht nur einmal lief ich im Restaurant zu fremden Menschen und forderte sie auf: »Stellen Sie mir eine Rechenaufgabe!« Dann lächelten sie mich an und sagten so etwas wie: »Zwei plus Zwei?« Das empfand ich als viel zu leicht und erwiderte: »Ich meine eine richtige Aufgabe!« Dann überlegten die Menschen kurz und sagten zum Beispiel: »64 durch 16?« Innerhalb weniger Sekunden rief ich: »Vier!« und streckte ihnen die offene Hand entgegen. Daraufhin kramten sie lachend in ihrer Hosentasche und gaben mir etwas Kleingeld. Das klingt nun so, als wäre ich ein absoluter Musterschüler gewesen und hätte nichts als Einsen mit nach Hause gebracht. Ganz im Gegenteil.

Am Rande der Legalität

An meine Schulzeit denke ich heute nicht so gerne zurück, ich fand die gesamten 13 Jahre langweilig. Mein Interesse, Dinge herauszufinden, war zwar durchaus vorhanden, wurde im Klassenraum aber eher gemindert. Umso engagierter war ich, sobald ich nach Hause kam und an meinen Commodore 64 durfte. Die Freizeit verbrachte ich am liebsten damit, an diesem Computer zu programmieren.

Mein größtes Rätsel war damals nämlich, wie ich an Geld für Programme, Computerzubehör oder Disketten komme. Also brachte ich mir selbst Programmiersprachen bei und entwickelte Spiele. Auch solche, bei denen Rätsel im Mittelpunkt standen. Dass ich von dieser Leidenschaft noch Jahrzehnte später profitieren würde, konnte ich damals nicht ahnen. Mir lag einfach diese freie Art des Lernens – also stundenlang über Probleme nachzudenken und auf eigenen Wegen Lösungen zu finden – weit mehr als das stumpfe Abarbeiten eines Lehrplans oder das Auswendiglernen von Vokabeln. Auch wenn ich damals, sagen wir, am Rande der Legalität operierte.

Meine selbst programmierte Software schickte ich an Computerzeitschriften, die sie gegen ein kleines Honorar abdruckten. Außerdem brachten mir Schulfreunde gerne gekaufte Programme vorbei. So hatte ich immer die allerneuesten Spiele: Ich überwand den Kopierschutz, gab ihnen die geknackte Version zurück, sodass sie diese weiterverkaufen konnten und speicherte die Software auch bei mir ab. Im Anschluss verkaufte ich über Zeitungsanzeigen Hunderte verschiedene Programme und erhielt als Gegenleistung Briefmarken, die ich wiederum bei meiner Mutter gegen Bargeld eintauschte. Offenbar war ich aber ein wenig zu umtriebig. Eines Tages erhielt ich per Post die Abmahnung einer Anwaltskanzlei und sollte 1101,58 DM zahlen. Zu meinem damaligen (und heutigen) Erstaunen gab mir mein Vater aber keinen Hausarrest, sondern bezahlte die Rechnung. Anscheinend war er fast ein wenig stolz auf seinen geschäftstüchtigen Sohn. Gleichwohl war er daran interessiert, diese Energie in legale Bahnen zu lenken.

Als ich 15 Jahre alt war, kam ich eines Tages aus der Schule nach Hause und er sagte: »Setz dich. Ich erzähle dir jetzt, was

du machst, bis du 65 bist. Danach kannst du selbst entscheiden.«
Kurz gefasst ging diese Erzählung so: Ich sollte nach dem Abitur BWL studieren, auf eine Managementschule in die Schweiz gehen, mit 25 in seinem Versandhaus einsteigen und irgendwann den Betrieb übernehmen.

Wie erfolgreich mein Vater damit war? Sagen wir so: BWL habe ich tatsächlich ein paar Semester studiert, genauso wie Jura. Abgeschlossen habe ich beides nicht, auch wenn ich es in Jura zumindest bis zur Examenszulassung geschafft habe. »Heine Delikatessen« gibt es heute noch, aber gearbeitet habe ich dort nur als Schüler.

Stattdessen war ich nach dem abgebrochenen Studium Teilzeit-Weihnachtsmann, Promoter für Zigaretten und verschiffte Autos von einem Kontinent zum anderen. Was mich dabei antrieb? Neugier. Ich liebe es, Dinge einfach auszuprobieren und Lösungen zu entwickeln, genau wie damals meine Oma. Und manchmal überlasse ich Dinge auch gerne dem Zufall. Wie gesagt: Am Ende ergibt immer alles Sinn. So wie eine Begegnung während meines Studiums, die meinen beruflichen Lebensweg entscheidend prägte.

Ein schicksalhaftes Treffen

Im Jahr 1994 gründete ich in Hamburg zusammen mit einem Freund ein Marktforschungsinstitut. Der nahm mich eines Tages mit zu einer Grillparty seiner Mutter. Hauptberuflich war sie eine Psychologin mit eigener Praxis. Nebenberuflich schrieb sie bereits seit sieben Jahren jede Woche für ein Anzeigenblatt in Bad Segeberg den *Kummerkasten*, eine Mischung aus Kolumne und psychologischem Ratgeber zu Alltagsfragen. Diese Tätigkeit wollte sie nun aufgeben.

Als sie mir ein Exemplar des *Kummerkastens* in die Hand drückte, war ich direkt begeistert. Die Texte waren schön geschrieben, tiefgründig und durchdacht. Auf der Rückfahrt nach Hamburg fragte ich mich, ob sich für diese Texte nicht auch andere Zeitschriften und Zeitungen begeistern ließen – und beschloss mit meinem Geschäftspartner, eine Antwort darauf zu finden.

Wir gründeten eine weitere Firma, eröffneten ein eigenes Konto und schrieben 700 Anzeigenblätter an. Wenige Tage später hatten wir schon drei Kunden gewonnen, denen wir die Texte aus dem *Kummerkasten* gewissermaßen als Zweitverwertung verkauften. Und als wir überlegten, was wir den Zeitungsverlagen noch so alles anbieten könnten, kamen wir relativ schnell auf Rätsel. Da habe ich mir selbst beigebracht, sie zu schreiben – was damals noch eine recht mühsame Angelegenheit war, auch wenn ich durch meine Freizeitbeschäftigung als Schüler bereits ein gewisses Faible dafür hatte.

Ich sehe mich jedenfalls noch mit einer sperrigen Kreuzworträtsel-Software auf einem 386er-Windows-Rechner kämpfen. Wie wir im Verlauf dieses Buchs sehen werden, haben auch hier die Maschinen einen Großteil der Arbeit übernommen. Wenngleich unsere Produkte – so viel sei schon mal verraten – niemals ohne menschliches Zutun zustande kommen werden. Und immerhin legte diese Mühsal die Basis für meine heutige Tätigkeit.

Irgendwann habe ich das Marktforschungsunternehmen nämlich verkauft und mich stattdessen voll auf Rätsel konzentriert. Heute beliefere ich – mit insgesamt acht festen Mitarbeiterinnen, einer Handvoll freier Autorinnen und Autoren und wesentlich ausgefeilterer Software – etwa 400 Kunden, darunter Zeitungen, Zeitschriften, Buchverlage, Spieleportale und App-Entwicklerinnen und -Entwickler. Nicht nur in Deutschland, sondern überall, wo Deutsch gesprochen wird, also auch in Chile oder Dänemark. Aktuell haben wir 120 verschiedene Rätselarten im Programm, vom Brückenrätsel bis zum Samurai-Sudoku. Unsere Produkte werden jeden Monat mehr als 350 Millionen Mal abgedruckt, wir geben jährlich über 50 Publikationen heraus, vom Tierrätselkalender über Schnitzeljagdboxen bis zum »Das war spitze«-Retroquiz. Bevor Sie angesichts dieser hohen Zahlen nun aber einen falschen Eindruck gewinnen: Reich wird man mit Rätseln nicht. Die Medienkrise wirkt sich auch auf unsere Preise aus. Im Jahr 1970 gab es für eine DIN-A4-Seite Rätsel mehr als 1 000 Mark, heute sind es etwa 7 Euro. Man muss also kreativ bleiben, um auch weiterhin erfolgreich zu sein.

Und dennoch: Ich mache das immer noch mit heller Freude und finde, dass die Herausforderung trotz aller Routine eher zu- als abnimmt. Ich liebe das Erfinden, das Neue und das ganz besonders Schwierige. Und das Schöne ist: Damit bin ich nicht allein.

Das Land der Knobler

Deutschland ist nicht nur das Land der Dichterinnen und Denker, sondern auch der Rätslerinnen und Rater, Knoblerinnen und Kopfzerbrecher. Nach Angaben der Meinungsforschung von IfD Allensbach aus dem Jahr 2022 gibt es hierzulande mehr als zehn Millionen Menschen, die in ihrer Freizeit häufig die entsprechenden Aufgaben lösen.[3] Bei den beliebtesten Hobbys der Deutschen liegt es damit auf dem fünften Platz, noch vor Wandern, Joggen, Campen, Computerspielen oder Basteln.[4] Die durch das Internet ausgelöste Krise der Printmedien geht an kaum einer Zeitung oder Zeitschrift vorbei, aber bei Rätselmagazinen ist zumindest die Nachfrage ungebrochen: An jedem gut sortierten Bahnhofskiosk liegen mehr als 200 verschiedene Hefte im Regal. Der Siegeszug der digitalen Medien hat dem Erfolg des Segments anscheinend nicht geschadet, sondern ihn eher noch beflügelt.

Spätestens seit dem weltweiten Triumph des Logikrätsels Sudoku gibt es alle Arten von Spielen auch als Apps für Tablet und Smartphone. Analog kämpfen sich Freunde und Kollegen durch Escape-Rooms oder versuchen beim abendlichen Krimidinner den fiktiven Mörder in den eigenen Reihen zu ermitteln. Mit Gesellschaftsspielen wurden im Jahr 2020 alleine in

Deutschland insgesamt knapp 720 Millionen Euro umgesetzt.[5] Welche bei den Deutschen am beliebtesten sind? Genau: die Kategorien Quiz und Wissen.[6]

Die entsprechenden TV-Formate sind fester Bestandteil der deutschen Fernsehgeschichte, egal ob *Was bin ich?* mit Robert Lembke, *Einer wird gewinnen* mit Hans-Joachim Kulenkampff oder *Der große Preis* mit Wim Thoelke. Ungekrönter und amtierender Meister des Genres ist Günther Jauch, der bei RTL bereits seit September 1999 Quiz-Millionäre sucht. Inzwischen gibt es von der Sendung mehr als 1 500 Episoden.[7]

»Na klar«, werden Sie jetzt vielleicht sagen, »kein Wunder angesichts der deutschen Altersstruktur!« Ende 2021 waren hierzulande knapp 20 Prozent der Menschen über 65 Jahre alt, dazu noch mal 23 Prozent zwischen 40 und 59.[8] In einem derart alten Land vertreiben sich die meisten Menschen ihre Zeit kaum mit adrenalingetränkten Aktivitäten. Aber das ist eben nur die halbe Wahrheit. Tatsächlich kommen Rätselfans heute aus allen Altersgruppen und Schichten. Im August 2021 befragte die BAT Stiftung für Zukunftsfragen 3 000 Deutsche. Und siehe da: 33 Prozent der jungen Erwachsenen gaben an, mindestens einmal pro Monat ein Kreuzworträtsel oder Sudoku zu lösen.[9]

Sind die Deutschen mit ihrer Leidenschaft eine Ausnahme? Handelt es sich bei dieser Passion um das verschrobene Hobby eines besonderen Völkchens, das scheinbar auch in der Freizeit nicht einfach mal mit seinen Gedanken alleine sein und abschalten kann, das sich ständig mit sich und anderen messen muss und nicht nur sein Auto, sondern auch seinen Kopf ständig zum TÜV schickt, um dessen Zustand zu überprüfen? Keineswegs. Rätsel sind etwa so alt wie der Mensch selbst.

In seinem Buch *Ancient Puzzles* datiert der Autor Dominic Olivastro die erste Denksportaufgabe der Geschichte mehr als 11 000 Jahre zurück.[10] In der heutigen Demokratischen Republik Kongo lebte damals ein Volk von Jägern und Sammlern an einem See. Dort entdeckte der belgische Archäologe Jean de Heinzelin bei Ausgrabungen in den Fünfzigerjahren die sogenannten Ishango-Knochen: Auf den etwa zehn Zentimeter langen Überresten – von welchem Tier sie genau stammen, kann niemand mehr mit Bestimmtheit sagen – sind noch heute feine Einkerbungen zu sehen, deren besondere Anordnung sich mit unserem heutigen mathematischen Verständnis als Zahlenspiel interpretieren lässt. An einer Stelle stehen zuerst drei und dann sechs Striche nebeneinander, an einer anderen vier und acht, an einer weiteren fünf und zehn – eine klassische Verdopplung.

Aus dem Jahr 1550 vor Christus wiederum stammt der Papyrus Rhind, benannt nach dem schottischen Antiquar Alexander Henry Rhind – eine fünfeinhalb Meter lange und 32 Zentimeter breite Rolle, die 87 Mathematikaufgaben aus den Bereichen Arithmetik, Algebra und Geometrie enthält. Darunter: »Es gibt sieben Häuser, in jedem Haus wohnen sieben Katzen. Jede Katze frisst sieben Mäuse, von denen wiederum jede sieben Kornähren gefressen hat. In jeder Ähre sind sieben Samen. Wie viele Objekte sind es insgesamt?« Antwort: 19 607.

Einer der ersten Bestseller der Menschheitsgeschichte war 1283 das *Libro de los juegos* (»Buch der Spiele«), eine Auftragsarbeit für den ehemaligen König von Kastilien. Die darin enthaltenen Anleitungen für Schach, Dame oder diverse Karten- und Brettspiele gefielen sowohl dem Auftraggeber Alfons X. als auch dem einfachen Volk.

Und nachdem er unter dem Pseudonym Lewis Carroll im Jahr 1865 das Kinderbuch *Alice im Wunderland* veröffentlicht hatte, widmete sich der britische Schriftsteller Charles Lutwidge Dodgson seinem Projekt *Pillow Problems*, einer Sammlung von 72 mathematischen Kopfnüssen. Den Untertitel änderte er von *Thought Out During Sleepless Nights* zu *Thought Out During Wakeful Hours*, weil er bei seinen Kollegen nicht den Eindruck erwecken wollte, unter Schlaflosigkeit zu leiden.

Aber warum investieren Menschen gewissermaßen seit Anbeginn der Zivilisation sowohl Zeit als auch Geld, um ihre grauen Zellen zu quälen? Ist es aus evolutionärer Sicht nicht wesentlich effizienter, das Gehirn nur mit sinnvollen Tätigkeiten zu beschäftigen, wo wir im Alltag doch ohnehin schon genug echte Probleme lösen müssen? Was bitteschön ist am Raten und Rätseln so faszinierend?

Bedürfnis nach Ordnung

Diese Fragen sind beinahe so alt wie die Denkspiele selbst. Die schnellste und simpelste Antwort lautet: Rätseln ist ein netter Zeitvertreib. Nicht nur, aber vor allem in Zeiten von Sorgen und Nöten können wir eine kleine Auszeit immer gut gebrauchen, und tauchen mithilfe harmlosen Denksports zumindest für ein paar Momente völlig aus dem Alltag ab.

Doch mit dieser Erklärung wollten sich all die Expertinnen und Experten der Philosophie, Psychologie und Neurobiologie nicht zufriedengeben, die sich in den vergangenen Jahrzehnten mit dem Reiz der Rätsel beschäftigt haben. Und dabei sind sie vor allem zu einer Erkenntnis gelangt: In uns steckt ein evolutionärer Drang, der Welt einen Sinn zu geben. »Das Staunen ist und war vom Anfang, was die Menschen zum Philosophieren führte«, schrieb schon der griechische Großdenker Aristoteles, »sie fühlten einen Drang zur Lösung der Rätsel.«

Wie Sie bei der Lektüre der folgenden Seiten bemerken werden, ist es in der Tat ein zutiefst menschliches Bedürfnis, Ordnung ins Chaos zu bringen. Wenn wir einmal etwas begonnen haben, wollen wir es vollenden, denn Unvollständigkeit geht auf Kosten unseres Seelenfriedens. Ansonsten finden wir keine innere Ruhe – ein Phänomen, das heute unter dem Fachausdruck *Zeigarnik-Effekt* bekannt ist. Vielleicht ist es in unserer komplexen, ambivalenten Welt auch einfach sehr wohltuend, dass es bei Rätseln keine Zwischen- oder Grautöne gibt, nur schwarz oder weiß. Nicht unzählige Möglichkeiten, sondern nur eine eindeutige Lösung.

Ich gehe sogar noch ein Stück weiter. Ich halte das Rätselmachen und -lösen für ein wichtiges Unterscheidungsmerkmal zwischen Tier und Mensch. Kein Reh will wissen, was genau sich eigentlich hinter dem Wald verbirgt. Deshalb entwickelt es keine Werkzeuge, es gibt sich einfach mit den Bäumen zufrieden. Der Mensch tickt da anders. Was er noch nicht weiß, ist für ihn zunächst mal ein Rätsel, das nach einer Lösung verlangt. Deshalb beschloss irgendwann mal einer unserer Vorfahren, als ihm eine Nuss begegnete, dass er diese gerne öffnen würde. Also nahm er einen Stein und haute die Schale kaputt. Rätsel gelöst. Sicher, das können manche Tiere zwar auch. Aber sie verlassen sich dabei auf ihren angeborenen Instinkt, nicht auf logisches Denken.

Schade nur, dass meine Großmutter dieses Buch nicht mehr erlebt. Sie starb im Jahr 2000 mit 96 – was eindeutig für die These spricht, dass geistige Beschäftigung das Leben verlängern kann. Inzwischen ist klar: Wer gedanklich rastet, der rostet zwangsläufig schneller. Auch Erwachsene sollten daher ihre neuronale Flexibilität bis ins hohe Alter trainieren, zum Beispiel mit Rätsel und Quiz. Aber wie genau läuft das ab? Was geschieht dabei in unserem Gehirn? Auch diesen Fragen werden wir uns in diesem Buch widmen.

Fest steht: Es hat viele Vorteile, schnell und lösungsorientiert gedankliche Steine aus dem Weg räumen zu können, auch wenn man kein Spion wie der Filmheld James Bond ist oder der einfallsreiche Geheimagent aus der TV-Serie *MacGyver*. Und das nicht nur, weil sich jeder von uns ständig mit Problemen konfrontiert sieht, egal ob in der Kindererziehung, bei zwischenmenschlichen Konflikten, in geschäftlichen Verhandlungen oder dem Aufbau schwedischer Möbelstücke; weil Personaler im Bewerbungsgespräch gerne das Reaktionsvermögen der Kandidaten abklopfen, um deren Problemlösekompetenz unter Zeit- und Erwartungsdruck zu testen. Sondern vor allem, weil von der Fähigkeit, Probleme kreativ lösen zu können, nichts weniger abhängt als die Zukunft unseres Planeten – und diese Fähigkeit lässt sich mit Rätseln tatsächlich verbessern.

Aber vorher noch die Antwort auf das Wolf-Ziege-Kohlkopf-Rätsel von Seite 15: Der Mann mit dem Boot lässt zunächst

Wolf und Kohl zurück und bringt die Ziege ans andere Ufer, kehrt um und bringt den Wolf hinüber, nimmt auf dem Rückweg die Ziege mit, die er am ursprünglichen Ufer lässt, um den Kohl hinüberzubringen, und holt im letzten Schritt die Ziege alleine ans andere Ufer.

Zusammenfassung

Deutschland ist nicht nur das Land der Dichterinnen und Denker, sondern auch der Knoblerinnen und Kopfzerbrecher. 10 Millionen Deutsche lösen in ihrer Freizeit häufig Rätsel, bei den beliebtesten Hobbys liegt es noch vor Wandern oder Campen. Rätselfans kommen heute aus allen Altersgruppen: 33 Prozent der jungen Erwachsenen hierzulande lösen mindestens einmal pro Monat ein Kreuzworträtsel oder Sudoku. Das ist nicht nur ein netter Zeitvertreib. In uns steckt ein evolutionärer Drang, der Welt einen Sinn zu geben und Ordnung ins Chaos zu bringen – heute mehr als je zuvor. Davon profitiert auch unser Gehirn. Und zwar messbar.

Wer Rätsel löst, kann auch Ikea-Möbel aufbauen

Wieso Knobeln unsere Problemlösekompetenz trainiert

Die Motive, warum Menschen gerne spielen, sind so zahlreich wie es Spiele- und Rätselarten gibt. Die einen können beim Sudoku besonders gut abschalten und sich dem Lösen des Zahlenrätsels widmen, ohne Angst vor dem Scheitern haben zu müssen. Im großen Spiel des Lebens gibt es keine Rückgängig-Taste und keinen Radiergummi. Im kleinen Leben des Spiels können wir Fehler machen ohne Folgen, verschiedene Kombinationen ausprobieren und notfalls wieder von vorne anfangen. Neues Spiel, neues Glück.

Die anderen wollen beim Wissensquiz Geld verdienen, die englische Sprache kennt für diese Art von Spiel zwei Begriffe, »to play« und »to gamble«. Bei Ersterem geht es um Genuss und Freude frei von Zwang. Bei Letzterem um Gewinn und Verlust sowie eine gewisse Lust am Risiko, wenn man eine Antwort wählt, ohne sich völlig sicher zu sein. Spieltrieb scheint tief in unserer DNA verankert. »Der Mensch spielt nur, wo er in voller Bedeutung des Worts Mensch ist«, schrieb schon Friedrich von Schiller in seiner philosophischen Abhandlung mit dem Titel *Über die ästhetische Erziehung des Menschen*, »und er ist nur da ganz Mensch, wo er spielt.«

Der eine will abschalten, der andere Geld verdienen – alles legitim, klar. Was dabei allerdings häufig übersehen wird: Während wir rätseln, knobeln und grübeln, trainieren wir gleichzeitig noch ganz andere Fähigkeiten. Früher bezeichnete man diese Kompetenzen als »soft skills«, aber das wird ihrer wahren Bedeutung nicht gerecht. Denn in Wahrheit sind sie wichtiger als viele andere Fähigkeiten. Für jeden Einzelnen. Und für die gesamte Gesellschaft. Ich weiß, das klingt arg pathetisch. Aber ich habe mir das nicht ausgedacht. Es entspricht schlichtweg der Meinung von Menschen, die sich intensiv mit dem Thema befassen.

Nehmen wir als Beleg eine Studie von IBM. Vor einigen Jahren veröffentlichte das Technologieunternehmen die Ergebnisse einer weltweiten Umfrage. Mehr als 1 500 Führungskräfte aus 60 Ländern und 33 Branchen hatten darin Auskunft darüber gegeben, wie sie die Zukunft sehen. Wenig überraschend: 79 Prozent erwarteten, dass das wirtschaftliche Umfeld komplexer wird.[11]

Zugegeben, für diese Erkenntnis hätte es keiner globalen Umfrage bedurft, das kann man sich irgendwie denken. Schon erstaunlicher war jedoch, wie die Manager diesen komplexen Herausforderungen begegnen wollten. Mit Disziplin? Nö. Mit Durchsetzungsvermögen? Nichts dergleichen. Auf Platz eins der wichtigsten Führungsqualitäten der Zukunft landete: Kreativität.

Abgeleitet vom lateinischen Wort creare (»schaffen«) wurde sie ursprünglich definiert als das schöpferische Vermögen, neue Aspekte und Ansätze für Problemlösungen zu finden – und diese Fähigkeit gilt nach Angaben des Weltwirtschaftsforums in Davos als eine der Schlüsselqualifikationen des 21. Jahrhunderts.[12] Auch weil sich der Mensch damit, nach allem, was man heute weiß, von den Maschinen abheben kann.

Smarte Algorithmen und Quantencomputer mögen Aufgaben immer schneller und besser erledigen, sämtliche Ergebnisse und Kombinationen innerhalb kürzester Zeit abgleichen und die vermeintlich optimale Entscheidung treffen. Kommt es hingegen auf Spontanität, Flexibilität und Kreativität an, ist der Mensch weiterhin im Vorteil. Und die gute Nachricht ist: Diese Fähigkeiten lassen sich mithilfe von Denksportaufgaben noch im hohen Alter trainieren.

Das Weltwissen

Aber was genau verbirgt sich hinter dieser viel gerühmten Problemlösekompetenz eigentlich? Mit dieser Frage beschäftigt sich schon seit vielen Jahren Ulrike Kipman, Professorin an der Pädagogischen Hochschule Salzburg. Dort erforscht sie, was gute

Problemlöserinnen und -löser auszeichnet und wie sie an dieser Kompetenz noch weiter feilen können – denn das Thema gibt mehr her, als man auf den ersten Blick vermuten könnte.

Laut Kipman geht es nämlich nicht nur darum, ein Problem zu erkennen, schnell darauf zu reagieren und eine Lösung zu finden. Sondern darum, »Informationen sinnvoll zu vernetzen und dynamisch in Beziehung zu setzen, Wahrscheinlichkeiten zu berechnen und eine Kette richtiger Entscheidungen zu treffen, eine Vielzahl an Außenkriterien zu berücksichtigen und ein entsprechendes ›Weltwissen‹ an den Tag zu legen«.[13] Sprich: über die Grenzen von Mathematik und Naturwissenschaften hinweg zu blicken und eine Portion Alltagswissen zum Problemlösen zu nutzen. Eine Fähigkeit, die im Jahr 2003 auch bei der PISA-Studie abgefragt wurde. Damit untersucht die Organisation für wirtschaftliche Zusammenarbeit und Entwicklung (OECD) die Kompetenzen von 15-jährigen Schülerinnen und Schülern in den Bereichen Mathematik, Lesen sowie Naturwissenschaften und allgemeines Problemlösen. Deutschland landete damals im vierten Bereich im Mittelfeld.

Nun halte ich es grundsätzlich für eine erfreuliche Entwicklung, wenn sich auch humanistische Bildungseinrichtungen mithilfe von Lernbüchern für diese besondere Art von Denkvermögen aussprechen. Ich glaube allerdings gleichzeitig: Wenn wir stattdessen einfach Rätselbücher im Schulunterricht verteilten, würden unsere Kinder noch mehr profitieren. Edutainment, also die spielerische Vermittlung von Bildung, erleichtert das Lernen – egal ob es darum geht, Wissen zu vertiefen, logisches Denken zu fördern oder die Problemlösekompetenz zu schulen. Das sage ich nicht, weil ich meine Bücher verkaufen möchte. Sondern weil es dem wissenschaftlichen Erkenntnisstand entspricht.

In ihrem umfangreichen Buch zu dem Thema präsentiert die Pädagogikprofessorin Ulrike Kipman Dutzende von Knobelaufgaben und Brettspielen. Denn es sind eben nicht nur Kinder und Jugendliche, die durch spielerisches Lernen und das ständige

Experimentieren ihr Wissen vertiefen und somit die Fähigkeit zum Problemlösen fördern. Auch Erwachsene können mit Rätseln besser darin werden, Zusammenhänge zu erkennen und ihr Vorstellungsvermögen zu erweitern. Und das wiederum hilft dabei, gedanklich neue Wege zu beschreiten.

Der Volksmund sagt »Ich weiß nicht weiter«, Wissenschaftlerinnen und Wissenschaftler drücken sich – wen wundert's – komplizierter aus. Die ersten Definitionen des Begriffs »Problem« sind bereits knapp 100 Jahre alt. Der deutsche Psychologe Karl Duncker definierte es in seinem Werk *Zur Psychologie des produktiven Denkens* aus dem Jahr 1935 wie folgt: Ein Problem »entsteht dann, wenn ein Lebewesen ein Ziel hat und nicht weiß, wie es dieses Ziel erreichen soll«.

Vergleichsweise umständlich ist auch die Formulierung seines Fachkollegen Dietrich Dörner aus dem Jahr 1976: »Ein Individuum steht einem Problem gegenüber, wenn es sich in einem inneren oder äußeren Zustand befindet, den es aus irgendwelchen Gründen nicht für wünschenswert hält, aber im Moment nicht über die Mittel verfügt, um den unerwünschten Zustand in den wünschenswerten Zustand zu überführen.« Aber wie erreiche ich diesen Zustand?

Zunächst mal müssen wir ein Problem überhaupt als solches identifizieren. Dabei sind tendenziell andere Hirnregionen beteiligt als bei der Suche nach einer Lösung. Das wissen wir zum Beispiel dank der Neurowissenschaftlerin Chantel Prat, die als assoziierte Professorin an der Universität von Washington arbeitet.[14]

Aber bevor ich Ihnen von ihrer Studie erzähle, ein kurzer Hinweis: Im Verlauf dieses Buchs werden Sie Dutzende von wissenschaftlichen Untersuchungen und Studien kennenlernen. Wundern Sie sich bitte nicht, wenn die meisten Autorinnen und Autoren dieser Studien aus den USA stammen – in den Fächern Psychologie, Verhaltensökonomie und Neurobiologie sind die Forscherinnen und Forscher der dortigen Universitäten in den entsprechenden Fachzeitschriften schlicht überproportional vertreten.

Und damit zurück zu Chantel Prat. Sie ließ für ihre Studie im Jahr 2021 knapp 200 Freiwillige am Computer verschiedene Denksportaufgaben lösen. Währenddessen zeichnete Prat deren Hirnaktivität auf. Und dabei entdeckte sie, dass jene Teilnehmerinnen und Teilnehmer am besten abschnitten, bei denen eine Region namens Basalganglien besonders aktiv war. Dieses Areal unterhalb der Großhirnrinde – so viel weiß man aus früheren Untersuchungen – ist unter anderem an bestimmten Formen des Lernens beteiligt. Und noch etwas förderte Prats Studie zutage: Besonders erfolgreich waren jene Personen, die sich beim Knobeln weniger darauf konzentrierten, die *beste* Lösung zu *finden* – sondern darauf, die *schlechteste* Lösung zu *vermeiden*: »Wenn es keine guten Optionen gibt, muss man eben die am wenigsten schlechte wählen«, sagt Prat.[15]

Diese Aussage kann ich als erfahrener Rätselmacher natürlich nur unterstützen. So ziemlich jedes Alltagsproblem ließe sich viel leichter lösen, wenn wir es stattdessen zum Beispiel als Puzzle betrachteten. Das Wort Problem hört sich so bleischwer an, nach einer unangenehmen Pflicht, die es zu erfüllen, nach einem Stein, den es aus dem Weg zu räumen, nach einer Hürde, die es zu überwinden gilt. Puh.

Wie viel spielerischer, wie viel leichter klingt es dagegen, ein paar Puzzleteile auf dem Boden zu verteilen, nach und nach zusammenzufügen, und dabei für jedes richtig eingesetzte Teilchen belohnt zu werden – mit einem klareren Blick auf die Lösung. Weg von »Ich muss …« und hin zu »Ich möchte …«, weg von der Pflicht und hin zur Kür. Ich halte es da gerne mit Hape Kerkeling: »Das ganze Leben ist ein Quiz«, sang der deutsche Entertainer bereits im Jahr 1991, »und wir sind nur die Kandidaten.« So klingt das Ganze doch direkt schon viel angenehmer.

Mehr Geduld, mehr Demut

Nun weiß ich nicht, ob Truman Capote gerne Kreuzworträtsel löste, aber ich nehme es einfach mal an. Der amerikanische Schriftsteller hat uns einen schönen Spruch hinterlassen, der mir als passioniertem Rätselmacher aus der Seele spricht: »Der Jammer mit der Menschheit ist, dass die Klugen feige, die Tapferen dumm und die Fähigen ungeduldig sind«, sagte Capote einmal. Und weiter: »Das Ideal wäre der tapfere Kluge mit der nötigen Geduld.« Recht hat er. Ich würde noch hinzufügen: Zumindest zwei dieser Eigenschaften lassen sich mithilfe von Rätseln trainieren.

Über das Thema Klugheit werden wir im nächsten Kapitel noch sprechen. Aber ich bin überzeugt: Wer häufig rätselt, hat mehr Geduld. Der Duden versteht darunter die »Ausdauer im ruhigen, beherrschten, nachsichtigen Ertragen oder Abwarten von etwas«. Klingt theoretisch ganz simpel. Ist praktisch aber irre schwer.

Spare ich für die Weltreise oder gönne ich mir den Wochenendtrip? Trainiere ich für die Strandfigur oder bestelle ich Pizza? Soll ich heute Abend in ein Buch oder doch lieber mal wieder Netflix gucken? Im Alltag stehen wir häufig vor der Wahl zwischen kleinen, kurzfristigen Belohnungen und großen, zukünftigen. Kognitiv ist uns klar, welche Entscheidung besser wäre. Doch im Zweifel verputzen wir lieber die kleinere Möhre direkt vor unserer Nase anstatt auf die größere außer Sichtweite zu warten.

Heute gilt das mehr denn je. On-Demand-Dienste und Instant-Delivery-Kultur haben uns darauf konditioniert, Bedürfnisse umgehend zu befriedigen. Der gesellschaftliche Geduldsfaden ist aus äußerst dünnem Garn. Dabei gibt es Situationen, in denen Warten alternativlos ist. Im Alltag läuft selten etwas genauso, wie wir es vorher erwartet haben. Überall lauern Überraschungen und Widerstände, die uns den direkten Weg zum Ziel verbauen. Wir können nicht immer alles sofort haben, echte Erfolge stellen sich selten über Nacht ein. Es ist unerlässlich, die Gedanken auch mal zu sortieren und Gefühle einzuordnen. Verschiedene Wege auszuprobieren und notfalls zu verwerfen, aber nicht sofort aufzugeben.

Diese Fähigkeiten lassen sich mit Rätseln wunderbar trainieren. Denn egal ob es darum geht, ein Sudoku zu entschlüsseln oder ein *Billy*-Regal von Ikea aufzubauen, es sind dieselben Fragen, die uns zur Lösung führen: Wie sieht das endgültige Resultat aus? Und wie die einzelnen Teile? Welche Elemente passen zueinander? Und wo fange ich am besten an?

Das wusste auch der inzwischen emeritierte US-Managementprofessor Moshe Rubinstein. Er beschäftigte sich bereits im Jahr 1975 ausführlich mit Strategien, die bei jeder Art von Rätsel hilfreich sind, egal ob im Spiel oder im Leben. Dazu zählte Rubinstein unter anderem:

- sich nicht zu sehr in Details zu verlieren, sondern immer das Gesamtbild im Auge zu behalten;
- mehrere Strategien in Betracht zu ziehen, anstatt sich voreilig auf eine Methode festzulegen;
- Annahmen ständig zu hinterfragen und notfalls zu ersetzen;
- und, falls man nicht weiterkommt, das Problem erst einmal ruhen zu lassen und mit anderen Menschen zu besprechen.[16]

Deshalb glaube ich: Wer Rätsel löst, widmet sich vielen Alltagsproblemen mit mehr Geduld und größerer Demut. Und das hilft auch beim Aufbau von Ikea-Möbeln, die alle Hobby-Handwerker mit zwei linken Händen schnell zur Verzweiflung bringen können.

Aber wie bei jeder anderen Fähigkeit gilt: Dem einen fällt sie leichter, dem anderen schwerer. Was der eine scheinbar mühelos drauf hat, lernt der andere auch trotz ausdauerndem Training kaum. Nicht jeder Mensch hat das Potenzial zum Sudoku-Weltmeister oder zur Sudoku-Weltmeisterin. Was genau unterscheidet dann die talentierten Problemlöserinnen und -löser von den weniger talentierten? Ist es eine Frage der Persönlichkeit? Der

Übung? Der Motivation? Oder des Alters? Kurzum: Kann man Denken lernen – und wenn ja, wie?

Entscheidend sind nach Angaben von Ulrike Kipman vor allem drei Aspekte: »eigenständiges Denken«, »heuristische Regeln« – also gewissermaßen gedankliche Abkürzungen und Vorgehensweisen, die mehrmals wiederholt werden –, und aktives Training, das speziell auf die Verbesserung dieser Kompetenz abstellt.[17] Und ein Element davon sind eben auch Rätsel und andere Knobelaufgaben. Hauptsache, wir bleiben aktiv. Egal in welchem Alter.

Tatsächlich hat unser Lebensalter beim Rätseln sowohl Vor- als auch Nachteile. Einerseits ist unser Gehirn in der Jugend tendenziell frischer und fixer. Das merke ich beispielsweise, wenn ich gegen meine Kinder *Memory* spiele. Egal wie sehr ich mich auch anstrenge: Seitdem sie etwa sieben Jahre alt sind, besiegen sie mich jedes Mal. Bei anderen Spielen, Kreuzworträtseln beispielsweise oder *Stadt, Land, Fluss*, sind sie mir hingegen unterlegen, weil es dort in erster Linie auf Lebenserfahrung und die damit bestenfalls verbundenen Faktoren Wissen und Bildung ankommt. Auch in Sachen Geduld, Disziplin und Routine sind ältere Menschen – wir erinnern uns an meine gewissenhafte Großmutter – der Jugend in der Regel deutlich überlegen.

Gleichzeitig bestreitet heute niemand mehr, dass viele kognitive Kompetenzen im Lauf des Lebens nachlassen. Im Alter rebelliert nicht nur der Körper, auch der Geist lässt nach. Studien zeigen: Je älter wir werden, desto mehr sinkt unsere intellektuelle Leistungsfähigkeit – vor allem im Hinblick darauf, wie schnell wir Informationen verarbeiten und wie viele davon wir uns einprägen können.[18]

Heißt das also, dass im Alter gar nichts mehr geht? Dass wir uns klaglos unserem Schicksal fügen und tatenlos dabei zusehen müssen, wie unser geistiges Potenzial verkommt? Von wegen. Tatsächlich können auch Erwachsene ihre neuronale Flexibilität bis ins hohe Alter trainieren. Problemlösen hält das Gehirn jung.

Langsamer altern

Die englischsprachige Altersforschung nutzt gerne die Phrase »Use it or lose it«, was auf Deutsch so viel heißt wie »Nutze es oder verliere es«. Dahinter steckt die Annahme, dass man seine geistigen Fähigkeiten mit steigendem Lebensalter umso schneller einbüßt, je mehr man sie in den Jahren zuvor vernachlässigt hat. Insofern passt es gut, dass Roger Staff seine im Jahr 2018 veröffentlichte Langzeitstudie nach dieser Phrase benannte.[19] Denn darin resümiert der Wissenschaftler der Universität von Aberdeen: Wer ein Leben lang Rätsel löst, der wird zwar im Alter in den seltensten Fällen plötzlich meisterlich *Memory* spielen und jüngere Generationen besiegen. Niemand wird jenseits der 70 plötzlich zum Gedächtnisweltmeister, nur weil er ab und zu Kreuzworträtsel löst. Auch wird Rätseln alleine den Alterungsprozess nicht komplett stoppen. Aber es wird ihn in gewisser Weise verlangsamen.

Zu diesem Ergebnis gelangte Staff, weil er für seine Untersuchung einen besonderen Datenschatz nutzen konnte. Im Rahmen der *Scottish Mental Health Survey* hatten im Jahr 1947 Hunderte von Schottinnen und Schotten einen Intelligenztest absolviert. Damals waren sie elf Jahre alt. Staff durfte im Jahr 1998 insgesamt 498 Freiwillige kontaktieren, die noch geistig gesund waren.[20] Sie unterzogen sich nun über einen Zeitraum von 15 Jahren regelmäßig diversen kognitiven Tests. Wie gut sie sich Wörter einprägen konnten, wie schnell sie Aufgaben lösten, sprich: wie fit sie gedanklich noch waren.

Außerdem gaben alle Teilnehmerinnen und Teilnehmer an, wie gerne sie sich in ihrer Freizeit intellektuellen Herausforderungen wie Lesen, Diskutieren oder Rätsellösen stellten. Wenig überraschend: Wer einen hohen Intelligenzquotienten hatte und über eine höhere Bildung verfügte, forderte sich tendenziell häufiger. Doch siehe da: Teilnehmerinnen und Teilnehmer, die während ihres gesamten Lebens gerne und häufig knifflige Rätsel gelöst hatten, schnitten in den Tests im Alter besser ab.

Um das deutlich zu sagen: Kaum jemand konnte dem geistigen Verfall komplett entgehen, Rätsellösen immunisierte nicht gegen geistigen Abbau. »Aber«, sagt Staff, »es führt zu einem höheren Ausgangspunkt, von dem aus der Abbau erfolgt.«[21] Mit anderen Worten: Wir alle werden älter. Aber wer sich geistig fit hält, altert langsamer.

Offen für Neues

Auf meine Großmutter traf das definitiv zu. Als ich die Studie von Roger Staff las, wurde mir sofort klar, warum sie selbst im hohen Alter noch ungewöhnlich aktiv war. Einmal war das Schlüsselloch schwarz, doch Oma öffnete nicht. Ich lief nach hinten in den Garten, aber sie war nirgends zu finden. Die Kellertür stand offen und ich suchte sie überall im Haus. Sie muss da schon 92 Jahre alt gewesen sein und ich fing an, mir Sorgen zu machen. Bis ich sie schließlich mitten im Pflaumenbaum entdeckte, in der Hand eine riesige Säge. »Das muss sofort gemacht werden«, sagte sie und sägte und sägte und sägte. Der Grund für die unaufschiebbaren Gärtnertätigkeiten: Am Baum hingen dermaßen viele Früchte, dass die Äste abzubrechen drohten – und diesen Zustand konnte meine Oma auf keinen Fall auch nur eine Sekunde länger dulden. Sie löste Probleme eben gerne auf ihre eigene Weise. Und auch im Winter ihres Lebens war sie noch extrem experimentierfreudig, tatkräftig und offen für Neues.

Ich finde das auch heute noch bewundernswert und habe mir fest vorgenommen, mir daran ein Beispiel zu nehmen. Ob das etwas bringen wird, ist von vielen Faktoren abhängig. Nicht zuletzt braucht es Glück, um gesund alt zu werden. Aber wenn es nach Joshua Jackson geht, tun sich alle passionierten Knoblerinnen und Knobler auch im Alter einen Gefallen.

Der Psychologe der Washington Universität in St. Louis veröffentlichte im Jahr 2012 ebenfalls eine Studie, die im Titel auf ein bekanntes Sprichwort referenziert: »Kann (und vor allem will) ein alter Hund neue Tricks lernen?«[22] Genau genommen ging es in Jacksons Untersuchung aber nicht um Vier-, sondern um Zweibeiner. Zusammen mit ein paar Kolleginnen und Kollegen teilte er knapp 100 Seniorinnen und Senioren mit einem Durchschnittsalter von 73 Jahren nach dem Zufallsprinzip in zwei Gruppen. Die einen erhielten über einen Zeitraum von vier Monaten regelmäßig neue Aufgaben, darunter Kreuzworträtsel und Sudokus. Jede Woche kamen sie in Jacksons Labor und reichten die absolvierten Aufgaben ein. Dafür erhielten sie im Gegenzug neue Rätselaufgaben, deren Schwierigkeit der Forscher je nach Leistungsfähigkeit der Teilnehmerinnen und Teilnehmer kontinuierlich steigerte. Der anderen Gruppe suggerierte Jackson, dass die Studie bald starten würde – denn sie war die Kontrollgruppe. Oder konkret: Sie konnten einfach so weiterleben wie bisher.

Nach Ablauf der 16 Wochen unterzog der Wissenschaftler alle Teilnehmerinnen und Teilnehmer einer Reihe von Persönlichkeitstests, bei denen vor allem das Wesensmerkmal »Offenheit für Erfahrungen« abgeklopft wurde. Also inwieweit die Personen ihren Geist herausfordern wollten, ob sie gerne über neuen Ideen grübelten und über die Welt nachdachten, viele Fragen stellten und andere Menschen kennenlernten und solche Sachen.

Das Ergebnis: Die Versuchsgruppe war wesentlich neugieriger als die Kontrollgruppe. Ein Effekt, der selbst ein halbes Jahr nach Ende der Studie noch anhielt. »Kognitives Training hat das Potenzial, die Persönlichkeit zu verändern«, schrieb Joshua Jackson. Mit anderen Worten: Wer seinen Kopf in der Freizeit gerne auf die Probe stellt, bleibt nicht nur kognitiv fit – sondern hält buchstäblich die Augen offen für alles, was ihm womöglich über den Weg läuft. Und davon profitiert auch das Gehirn.

Schon im Jahr 1969 fand der amerikanische Biochemiker Edward Bennett heraus[23]: Wenn Ratten ohne geistige und körperliche Stimulation aufwachsen, ist ihr Gehirn kleiner als das von Artgenossen, die in einer kognitiv anspruchsvollen Umgebung groß werden. Offenbar existiert also eine Wechselwirkung zwischen psychologischen und biologischen Faktoren: Jede Denksportaufgabe kann das Gehirn herausfordern – weil sie uns dazu zwingt, verschiedene Methoden auszuprobieren und notfalls zu verwerfen. Diese Herausforderung hält nicht nur die grauen Zellen aktiv, sondern auch den Geist wach. Und manchmal trägt sie auch dazu bei, einem das Leben zu retten – so wie im Fall einer der berühmtesten Sagengestalten aller Zeiten.

Das Rätsel der Sphinx

Als der griechische Königssohn Ödipus nach jahrzehntelangem Exil wieder in seine Heimat Theben zurückkehren will, begegnet ihm auf einem Felsen vor den Toren der Stadt die Sphinx. Ein geflügeltes Ungeheuer, halb Frau, halb Löwe, das sich eine besonders grausame Machtdemonstration hat einfallen lassen. Will ein Einwohner lebend an ihr vorbei, muss er zuerst ein Rätsel lösen. Falls das misslingt, frisst sie ihn auf.

Nachdem die Sphinx den Sohn des amtierenden Königs Kreon verspeist hat, spricht der trauernde Vater eine besondere Belohnung aus: Wer die Stadt von dem Monster befreit, werde sowohl das Königreich erben als auch seine Schwester Iokaste heiraten. Als nun Ödipus vor die Sphinx tritt, will sie ihm eine besonders schwierige Kopfnuss zu knacken geben und spricht: »Es ist am Morgen vierfüßig, am Mittag zweifüßig, am Abend dreifüßig. Von allen Geschöpfen wechselt es allein mit der Zahl seiner Füße; aber eben wenn es die meisten Füße bewegt, sind Kraft und Schnelligkeit seiner Glieder ihm am geringsten.«

Na, wüssten Sie die Antwort?

Ödipus weiß sie sofort: »Dein Rätsel ist der Mensch«, erwidert er demonstrativ gelassen.[24] Zu Beginn seines Lebens (oder: am Morgen) ist er noch schwach und muss auf allen Vieren gehen. Wenn er stärker wird (also am Mittag), kann er aufrecht auf zwei Beinen gehen. Naht sich das Leben dem Ende (am Abend), ist er mitunter auf einen Stock angewiesen – und braucht gewissermaßen ein drittes Bein.

Mit so viel Cleverness hatte die Sphinx nicht gerechnet. Aus Scham und Verzweiflung stürzt sie sich vom Felsen und in den Tod. Ödipus bekommt wie versprochen das Königreich und darf die Schwester des Herrschers heiraten.

Dass es sich dabei in Wahrheit um seine eigene Mutter handelte, mit der er in den darauffolgenden Jahren vier Kinder zeugte, ist dann wieder eine andere Geschichte. Fakt bleibt: Ödipus löst in dieser Situation ein sogenanntes Halslöserätsel – eine besonders harte, zynische Prüfung, der Roman- und Filmautoren ihre Protagonisten schon seit Jahrhunderten gerne mal unterziehen. Dabei ersinnen vom Tode Bedrohte entweder ein unlösbares Problem oder lösen selber ein scheinbar unlösbares Denkspiel – jedenfalls retten sie damit ihr Leben.

Als ältestes seiner Art gilt heute das Simson-Rätsel aus dem Alten Testament. Darin tötet der gleichnamige Held einen Löwen. Wenige Tage später findet Simson in dessen Kadaver einen Bienenschwarm mit frischem Honig, den er seinen Eltern zu essen gibt. Daraus wiederum kredenzt er eine Denksportaufgabe für die Gäste seiner Hochzeitsfeier: »Vom Fresser kommt Speise, vom Starken kommt Süßes.« Die Hochzeitsgäste kommen erst auf die Lösung, nachdem sie die zukünftige Frau Simsons und ihre Familie bedroht haben und diese daraufhin die Lösung verrät.

Ähnlich regelwidrig verhält sich J.R.R. Tolkiens Held Bilbo Beutlin während des Halslöserätsels mit Gollum. Auch hier endet bei einer Niederlage das Leben des Protagonisten. Falls Bilbo der monströsen Kreatur eine Frage stellt, die diese nicht beantworten kann, erhält er seine Freiheit. Nach einigem Hin und Her stellt der kleine Hobbit Gollum schließlich eine Frage, von der er weiß, dass die Kreatur sie nicht beantworten kann: »Was befindet sich in meiner Tasche?« Klar, fair ist das nicht. Doch wenn das Leben auf dem Spiel steht, sind solche Regeln außer Kraft gesetzt.

Kitsch beim Knobeln

Aber ich will Sie nun gar nicht mit zu vielen düsteren Beispielen verschrecken. Denn genauso wie es beim Rätseln mitunter um Leben und Tod geht, gibt es ebenso prominente literarische Beispiele dafür, dass Knobeleien bei der Liebe eine Rolle spielen.

Etwa im tschechischen Märchenfilm *Drei Haselnüsse für Aschenbrödel.* Bevor der Prinz seine Angebetete in die Arme schließen kann, gibt sie ihm zunächst wortwörtlich Rätsel auf: »Die Wangen sind mit Asche beschmutzt, aber der Schornsteinfeger ist es nicht. Ein Hütchen mit Federn, die Armbrust über der Schulter, aber ein Jäger ist es nicht. Ein silbergewirktes Kleid mit Schleppe zum Ball, aber eine Prinzessin ist es nicht, mein holder Herr.« (Antwort: das Aschenbrödel selbst).

Kitschige Rätsel, die es so nur im Film gibt? Nicht ganz. Und das führt uns zum russisch-amerikanischen Autor Vladimir Nabokov. Er schrieb seiner Frau Véra über einen Zeitraum von mehr als 50 Jahren Hunderte von Liebesbriefen. Darin erwies sich der Schriftsteller nicht nur als Romantiker, sondern auch als Rätsel-Fan. Regelmäßig garnierte er die emotionalen Anschreiben an seine Gattin mit eher rationalen Wortspielen, Kreuzwort- und Bilderrätseln – darunter auch das handgezeichnete Porträt eines Mannes inklusive Arbeitsanweisung. »In diesem Gesicht erkennst du: ein anderes Gesicht, eine Maus, einen Hasen, ein Küken, ein Pony, Frau Tufty mit einem neuen Hut und ein kleines Äffchen«.[25]

In einem anderen Fall ließ sich Nabokov von *Alice im Wunderland*-Schöpfer Charles Lutwidge Dodgson inspirieren.[26] In seiner Novelle *Pale Fire* aus dem Jahr 1962 verewigte er das sogenannte »Wörter-Golf«. Dabei soll man ein Anfangswort durch Tauschen eines einzigen Buchstabens in eines verwandeln, das in einem möglichst originellen Zusammenhang zum vorigen steht. Ein Beispiel auf Deutsch: »Lust – List – Mist – Mast – Mass – Fass – Fuss – Kuss.« Ob seine geliebte Véra die Aufgaben löste, ist leider nicht bekannt.

Fest steht: Die Passion des Autors für Knobelaufgaben zeigt nicht nur eine fast kindlich anmutende Begeisterung. Gleichzeitig ist sie ein Beleg für die Vielschichtigkeit wahrer Liebe. Sie äußert sich eben nicht nur in körperlicher Anziehung und seelischer Verbundenheit – sondern bestenfalls auch in intellektueller Ähnlichkeit.

Aber mal abgesehen davon, dass man mit Rätseln nicht nur seine Fähigkeit zum Problemlösen trainieren, sein Leben retten und geliebte Personen beeindrucken kann: Bringt das viel gerühmte »Gehirnjogging« etwas – und wenn ja, was und wie viel? Können wir damit unser Erinnerungsvermögen steigern? Unser Arbeitsgedächtnis in Schuss halten? Oder unsere Aufmerksamkeit erhöhen? Gleicht das Gehirn tatsächlich einem Muskel, dem man in der neuronalen Muckibude zum Wachstum verhelfen kann? Sprich: Macht Knobeln klug? All diesen Fragen widmen wir uns im nächsten Kapitel.

Zusammenfassung

Jede Denksportaufgabe zwingt dazu, verschiedene Methoden und Lösungswege auszuprobieren und notfalls zu verwerfen. Das lehrt nicht nur Geduld und Demut, sondern trainiert gleichzeitig auch Spontaneität, Flexibilität und Kreativität – und davon profitiert das Gehirn noch im hohen Alter: Rätseln alleine stoppt den Alterungsprozess zwar nicht komplett, verlangsamt ihn aber erheblich.

Trendsport Brainfitness

*Gehirnjogging und Gedächtnistraining
auf dem Prüfstand*

Als William Joseph Ennever am 26. März 1869 in London zur Welt kam, war sein Leben schon vorbestimmt.[27] Sein Großvater namens William Joseph Ennever hatte im Jahr 1838 in der britischen Hauptstadt eine Klavierbaufirma gegründet, die nun von dessen Sohn namens William Joseph Ennever geführt wurde. Der Plan war klar: Die Firma sollte in der Familie bleiben.

Nun ist solch eine Namensgebung nicht nur ziemlich eigenwillig, sondern gleichzeitig Ausdruck eines ganz besonderen Traditionsbewusstseins. Dem Nachwuchs solcher Dynastien bleiben nur zwei Möglichkeiten: Entweder er setzt die Tradition aus Pflichtbewusstsein fort oder er bricht ganz bewusst mit ihr. William Joseph Ennever III. entschied sich für die zweite Option.

Als er im Jahr 1890 von einer längeren Reise zurückkehrte, hatte er nicht nur viele Erinnerungen im Gepäck, sondern auch seine Zukunftspläne: Anstatt wie sein Vater und sein Großvater Klaviere zu bauen, wollte er Journalist werden. Deshalb arbeitete Ennever in London zunächst für verschiedene Zeitungen.

Wenn man der Legende glauben darf, lernte er währenddessen einen Mann namens Marcus Dwight Larrowe kennen. Der hatte ein paar Jahre zuvor unter dem Pseudonym Alphonse Loisette ein Buch mit dem Titel *Assimilative Memory or How to Attend and Never Forget* veröffentlicht, eine Art Ratgeber für ein besseres Gedächtnis. Wie man sich mehr Informationen systematisch merken und weniger vergessen konnte – damit beschäftigten sich zu der Zeit ziemlich viele Menschen. Und das brachte Ennever auf eine Idee.

Um das Jahr 1896 herum gründete er in London das Pelman Institute for the Scientific Development of Mind and Memory, benannt nach dem britischen Psychologen Christopher Louis Pelman (inwieweit die beiden zusammenarbeiteten, lässt sich heute nicht mehr nachvollziehen). Dazu muss man wissen, dass in Großbritannien damals sogenannte *correspondence courses* florierten. Die Universität von London war im Jahr 1858 die erste, die ihre Inhalte auch per Fernstudium anbot. Von diesem Geschäftsmodell wollten nun auch private Anbieter profitieren – und einer davon war das Pelman-Institut.

Das erste Achtsamkeitstraining

Ennevers Versprechen war so klar wie kühn: Er wollte seinen Kunden zu einer gesteigerten Aufmerksamkeit, besserer Konzentrationsfähigkeit und mehr Kreativität verhelfen. Deshalb bekamen die Teilnehmer seiner Kurse regelmäßig Broschüren zugeschickt mit Titeln wie »Konzentration«, »Wissen und die Sinne« oder »Gedächtnis und die Prinzipien der geistigen Verbindung«. Nach der Lektüre sollten sie entsprechende Übungsblätter ausfüllen und zur Überprüfung an die Dozenten des Pelman-Instituts schicken.

Außerdem ermunterte Ennever seine Kunden zu kurzen Spielen, um das Gedächtnis zu trainieren und die Aufmerksamkeit zu fördern. Viele der Übungen lesen sich mit unserem heutigen Verständnis erstaunlich weitsichtig. Beispielsweise wies er die Teilnehmer an, auch mal einfach nur still dazusitzen und alles zu notieren, was ihnen buchstäblich in den Sinn kam, jeden Anblick, jedes Geräusch, jeden Geruch. Heute nennt man das Achtsamkeitstraining.

Eine weitere Aufgabe bestand darin, aus einem Satz umgedrehter Spielkarten Übereinstimmungen zu finden – ähnlich dem, was wir heute als *Memory* kennen.[28] Ennever wollte die Logik von körperlicher Ertüchtigung gewissermaßen auf den Intellekt übertragen. »Kein vernünftiger Mensch erwartet, dass allein die Lektüre eines Buches die Muskeln wachsen lässt«, schrieb er in seinem Buch *Your Mind and How to Use it*, »und genauso weiß der Pelmanist, wie wichtig geistige Übungen sind.«[29]

Mit dieser Botschaft stieß Ennever auf enorme Resonanz. Innerhalb weniger Jahre gewann er mehr als 500 000 Kunden, darunter auch den damaligen britischen Premierminister Herbert Henry Asquith sowie Robert Baden-Powell, Gründer der Pfadfinder-Bewegung. Ennever eröffnete Niederlassungen in Indien, Südafrika, Kanada, Frankreich und den USA, die Kurse bot er neben Englisch auch auf Deutsch, Französisch, Russisch und Italienisch an.

Teil des Erfolgsrezepts war Ennevers geschicktes Marketing. Die Werbeunterlagen proklamierten, dass die Absolventen mithilfe der Kurse ihre Ideenarmut lindern, ihre Antriebslosigkeit beheben, ihre Schusseligkeit loswerden und ihre chronische Aufschieberitis beseitigen würden. Wer könnte da schon Nein sagen?

Das Problem war bloß: So genial Ennever als Marketingfachmann war, so untauglich war er als Geschäftsmann. Trotz des weltweiten Erfolgs seiner Idee gelang es ihm nicht, mit seiner Firma Gewinn zu erzielen. 1940 musste er Insolvenz anmelden und das Institut schließen, 1947 verstarb er mittellos.

Was wir aus dieser Anekdote lernen können? Hinter jedem noch so kuriosen Erfolg steckt ein Grund, der es verdient hat, ernst genommen zu werden: Die Annahme, dass bestimmte geistige Funktionen wie Aufmerksamkeit oder Kreativität mithilfe von Knobel- und Gedächtnisaufgaben verbessert werden können, ist anscheinend keineswegs neu – ebenso wenig wie das Interesse, das Gehirn wie einen Muskel zu trainieren. Das Beispiel von William Joseph Ennever zeigt: Die Menschen ließen sich auch schon vor vielen Jahrzehnten bereitwillig mit der Aussicht locken, ihren Geist zu optimieren. Und dieses Bedürfnis lässt sich, wenn man es halbwegs geschickt anstellt, durchaus monetarisieren.

Verlockende Aussicht

Verlegen Sie ständig Ihre Schlüssel? Vergessen Sie andauernd wichtige Termine? Haben Sie Schwierigkeiten, sich auf Partys die Namen der anderen Gäste zu merken? Dann kann Ihnen geholfen werden. Behaupten zumindest die Hersteller all jener Spiele, die den geistigen Verfall ihrer Kundschaft aufhalten wollen.

Die US-Marktforschung Coherent Market Insights geht davon aus, dass alleine mit Smartphone-Anwendungen rund ums Gehirnjogging im Jahr 2020 weltweit knapp 6 Milliarden Dollar umgesetzt wurden.[30] Dutzende von Unternehmen und Hunderte von Apps buhlen um die Aufmerksamkeit der Kunden – inklusive vielversprechender Werbeslogans.

Die Gehirnjogging-App *Peak* will neben dem Erinnerungsvermögen, der Aufmerksamkeit, der Koordination und der Kreativität auch die Emotionskontrolle fördern. *Elevate* verspricht, neben Sprechfertigkeiten auch die mentale Verarbeitungsgeschwindigkeit zu steigern. Noch weiter geht die App *Cognifit*, die die »kognitive Verfassung gesunder Menschen verbessern und die Gehirnfunktion bei Menschen, die unter einer Art kognitiven Verfalls oder an einer Verschlechterung leiden«, stimulieren oder wiederherstellen möchte.[31]

Aber stimmt das? Können wir mit den Apps tatsächlich und nachweislich schlauer werden? Wie viel Wahrheitsgehalt steckt in den Behauptungen der Hersteller? Um es vorwegzunehmen: So richtig einig sind sich die Expertinnen und Experten da auch nicht.

Im Oktober 2014 veröffentlichten etwa 70 renommierte Wissenschaftlerinnen und Wissenschaftler einen offenen Brief auf der Website des Stanford Center on Longevity.[32] Die Gruppe bestand aus Expertinnen und Experten aus der Psychologie, der Altersforschung und der Neurobiologie – und in ihrem Brief wurden die Forschenden, zumindest für Wissenschaftlerinnen und Wissenschaftler, erstaunlich deutlich. Die Behauptung, dass softwarebasierte Denkspiele die neuronalen Funktionen entscheidend verbessern oder Hirnerkrankungen vorbeugen, sei von der Forschung keinesfalls gedeckt: »Das Versprechen einer magischen Kugel ist schlichtweg irreführend.«

Die Antwort ließ nicht lange auf sich warten. Wenige Monate später veröffentlichte eine Gruppe von 133 Wissenschaftlerinnen und Wissenschaftlern eine Replik auf den offenen Brief und kritisierte ihn scharf. Es gebe sehr wohl »substanzielle und immer mehr Belege dafür, dass bestimmte Trainingsprogramme die kognitiven Funktionen erheblich verbessern können«.[33]

Halten wir also fest: Die einen halten Gehirnjogging für Geldverschwendung, die anderen für eine sinnvolle Sache. Ja, was denn nun?

Etwas mehr Licht ins wissenschaftliche Dunkel brachte zwei Jahre später der US-Psychologe Daniel Simons. Zusammen mit mehreren Kollegen durchforstete er mehr als 130 Fachaufsätze, die sich mit dem Effekt von digitalem Gehirnjogging auf die intellektuelle Leistungsfähigkeit beschäftigt hatten.[34] Eine unglaubliche Fleißarbeit, die hinterher in einer 84-seitigen Studie mündete. Doch die Mühe lohnte sich. Denn je genauer Simons und seine Co-Autoren hinschauten, desto häufiger stellten sie fest: Die vollmundigen Versprechen der App-Hersteller entpuppten sich in Wahrheit als mindestens zweifelhaft, manchmal übertrieben und mitunter völlig haltlos. »Nach unserer Auswertung können wir sagen: Es gibt tatsächlich ausreichend Indizien dafür, dass Gehirnjogging die Leistung bei den trainierten Aufgaben steigert«, schrieben die Forscherinnen und Forscher. Und weiter: »Es gibt allerdings schon weniger Belege dafür, dass ein solches Training die Leistung bei ähnlichen Aufgaben verbessert – und so gut wie keine Beweise dafür, dass es die Leistung bei ganz anderen Aufgaben oder im Alltag erhöht.«

Ich mache mir da keine Illusionen. Kaum ein Laie dürfte eine 84-seitige Studie mit Zusammenfassungen wissenschaftlicher Aufsätze lesen. Umso wichtiger ist es mir an dieser Stelle, Simons' Fazit noch einmal — leicht pointiert — einzuordnen: Gehirnjogging führt dazu, dass man in der speziellen Aufgabe, die man übt, messbar besser wird. Das heißt aber noch lange nicht, dass man dadurch zwangsläufig auch andere Kompetenzen stärkt.

Das erklärt auch, warum Lumos Labs, Entwickler der Denksport-App *Lumosity*, im Jahr 2016 von der US-Handelskommission FTC zu einer Strafe von zwei Millionen Dollar verurteilt wurde. Die Firma habe die Konsumenten mit falschen Versprechungen zum Abo-Abschluss verführt: Für ihre Behauptungen, die Apps könnten Gedächtnisverlust, Demenz und Alzheimer abwehren, habe sie keine wissenschaftlichen Beweise vorlegen können.[35] Dem Erfolg der App hat das allerdings nicht geschadet, im Gegenteil: Inzwischen haben sich mehr als 75 Millionen Nutzer für sie registriert.[36]

Nun gehört schon viel Optimismus und Originalität dazu, wenn man durch die digitale Zubereitung virtueller Heißgetränke, dem Rangieren von Zügen oder dem Dirigieren von Vogelschwärmen schwerwiegende neurologische Erkrankungen zu verhindern glaubt (genau solche Aufgaben muss man in der App erledigen). Ist Gehirnjogging also nicht mehr als ein netter Zeitvertreib? Verschwenden all jene, die gerne Kreuzworträtsel und Sudokus lösen – egal ob digital oder analog –, in Wahrheit ihre Zeit, ihr Geld und ihre Energie? Hat Rätseln im engeren neurologischen Sinne etwas mit Intelligenz zu tun – und wenn ja, was? Die Suche nach Antworten führt uns zunächst zu einem Mann, der nicht nur einer der berühmtesten Patienten in der Geschichte der Hirnforschung war, sondern gleichzeitig auch ein glühender Anhänger von Kreuzworträtseln.

Der berühmte Patient

Im Alter von neun Jahren stieß der Amerikaner Henry Molaison mit einem Fahrradfahrer zusammen, danach war er fünf Minuten lang bewusstlos. Ein Jahr später bekam Molaison epileptische Anfälle, die in den folgenden Jahren trotz medikamentöser Behandlung immer schlimmer wurden – vermutlich eine Spätfolge des Unfalls.

Als er 27 Jahre alt war, traf sein Arzt eine schwerwiegende Entscheidung: Zuerst betäubte der Neurochirurg William Scoville seinen Patienten, dann bohrte er zwei Löcher in dessen Schädel und entfernte Teile seines Gehirns, in denen er die Ursache der Krämpfe vermutete.

Damit hatte er einerseits recht: Die epileptischen Anfälle ließen danach tatsächlich nach. Andererseits erlitt Molaisons Gedächtnis dadurch erheblichen Schaden. Er glaubte, weiterhin im Jahr 1953 zu leben (das Jahr seiner Operation) ging davon aus, wie damals weiterhin 27 zu sein, und konnte sich zwar an viele Erlebnisse aus seiner Kindheit erinnern – aber keine neuen Erinnerungen mehr einprägen. Scoville hatte Molaison Teile seines Schläfenlappens entfernt. Und inzwischen weiß man: Diese Region ermöglicht nicht nur Hören, Riechen und Sprechen – sondern auch das Abspeichern von Informationen.

Seit der fatalen Operation sind Dutzende von Studien erschienen, für die sich Molaison bereitwillig zur Verfügung stellte. Und wenn er mal gerade nicht an irgendwelchen Experimenten teilnahm, dann hatte er vor allem zwei Hobbys: Fernsehen gucken und Kreuzworträtsel lösen. Jeden Tag löste er mindestens zwei Rätsel, besonders gerne die durchaus anspruchsvolle Variante aus der *New York Times*. Gegen Ende seines Lebens hatte er im Körbchen seines Rollators sogar ein entsprechendes Rätselbuch und einen Stift platziert. Aber was genau fand er daran so faszinierend, wo doch die Lösungen der Kreuzworträtsel zu einem guten Teil die Kenntnis aktueller Ereignisse voraussetzten?

Das fragte sich im Jahr 2004 auch Brian Skotko. Er war damals Medizinstudent an der Harvard Medical School. Zusammen mit anderen Forscherinnen und Forschern legte er Molaison über einen Zeitraum von drei Jahren regelmäßig verschiedene Kreuzworträtsel vor. Zu dieser Zeit war der Patient bereits 72 Jahre alt.[37]

Wenig überraschend: Wenn die Fragen sich auf Ereignisse bezogen, die nach dem Jahr 1953 passiert waren, wusste Molaison zunächst nicht weiter – eben weil er nach dem Eingriff keine neuen Informationen mehr abspeichern konnte. Handelten die Fragen von Ereignissen vor 1953, schlug sich Molaison hingegen genauso gut wie Menschen mit einem gesunden Gehirn.

Aber es kommt noch besser. Denn tatsächlich gelang es Molaison, neue Fakten zu lernen – und zwar mithilfe der Kreuzworträtsel. Immer wenn Skotko ihm Fragen vorlegte, die zwar einerseits Kenntnisse nach 1953 erforderten, aber gleichzeitig irgendeine Verbindung zu den Jahren zuvor hatten, konnte sich Molaison irgendwann die Antworten merken.

Ein Beispiel: In einem Rätsel fragte Skotko nach einer Kinderkrankheit, die durch das Salk-Vakzin besiegt worden war. Dieser Polioimpfstoff war 1955 vorgestellt worden, also nach Molaisons Operation. Insofern konnte er davon eigentlich nichts wissen. Nach mehreren Durchgängen wusste er die Antwort aber trotzdem: »Kinderlähmung« – vermutlich, weil er als kleiner Junge mit der Epidemie in Kontakt gekommen war.

Anders gesagt: Durch den spielerischen Umgang mit Wissen war Molaison in der Lage, sich neue Fakten einzuprägen und bei Bedarf abzurufen. Diese heilsame Wirkung bestätigte er in einem Interview auch einmal selbst:[38] »Ich spiele gerne mit Kreuzworträtseln herum, weil es mir irgendwie hilft«, sagte er. »Es hilft Ihnen dabei, sich zu erinnern?«, fragte sein Gegenüber daraufhin. »Genau«, antwortete Molaison, »und man hat auch noch Spaß dabei.«

Offenbar können Kreuzworträtsel unser Gehirn also tatsächlich beeinflussen, weil sie eine von dessen wichtigsten Tätigkeiten unterstützen: das sogenannte Arbeitsgedächtnis.

Die drei Bereiche

Der Volksmund kennt es auch unter dem Begriff Kurzzeitgedächtnis. Psychologinnen und Psychologen verstehen darunter, bildlich gesprochen, so eine Art Zwischenspeicher. Darin landen neue Informationen, werden bei Bedarf mit bestehendem

Wissen verknüpft und von dort schließlich ins Langzeitgedächtnis überführt. Das Arbeitsgedächtnis sorgt dafür, dass Wichtiges von Unwichtigem getrennt und gewissermaßen in die richtigen Schubladen einsortiert wird.

Hirnforscherinnen und -forscher unterteilen es in drei Bereiche: Die *artikulatorische Schleife* ist für verbale Informationen zuständig, der *visuell-räumliche Notizblock* für Bilder und die *zentrale Exekutive* ist so eine Art Aufpasser, der die Zusammenarbeit mit dem Langzeitgedächtnis koordiniert.[39] Inzwischen konnten zahlreiche Studien zeigen, dass sich die Leistung des Arbeitsgedächtnisses mithilfe von Rätseln verbessern lässt.

Zu diesem Fazit kam im Jahr 2014 zum Beispiel Michael Toma von der amerikanischen Claremont Graduate Universität.[40] Für seine Studie gewann er 26 Scrabble- und 31 Kreuzworträtsel-Enthusiasten, die in den entsprechenden Turnieren regelmäßig Spitzenplätze ergatterten. In diversen Tests überprüfte Toma ihr Arbeitsgedächtnis. Dieselben Aufgaben legte er einer Gruppe von Studierenden vor, die zuvor im verbalen Teil des College-Aufnahmetests SAT besonders gut abgeschnitten hatten. Und siehe da: Sowohl die Scrabble-Spieler als auch die Kreuzworträtselfans hatten ein wesentlich besseres Arbeitsgedächtnis als die getesteten Studierenden, sowohl im Hinblick auf ihre verbalen als auch auf ihre visuell-räumlichen Fähigkeiten.

Eine ähnliche Beobachtung machte im Jahr 2019 die britische Altersforscherin Anne Corbett von der Universität von Exeter:[41] Wer besonders oft Sudoku spielte, schnitt in den entsprechenden Tests besser ab. Mehr noch: In Bezug auf ihr Arbeitsgedächtnis zeigten die Sudoku-Spielerinnen und -Spieler Leistungen, die einem acht Jahre jüngeren Menschen entsprachen. Und als der deutsche Psychologe Patrick Fissler von der Universität Ulm im Jahr 2018 insgesamt 100 gesunde Erwachsene über 50 untersuchte, stellte er fest:[42] Puzzle zusammenstecken und lösen förderte nicht nur das Kurz- und Langzeitgedächtnis, sondern auch das schlussfolgernde Denken, die kognitive Flexibilität und die visuell-räumliche Wahrnehmung.

Scrabble oder Kreuzworträtsel, Sudoku oder Puzzle: Was währenddessen ganz genau in unserem Gehirn abläuft, kann noch niemand mit Gewissheit sagen. Dennoch verdichten sich die Hinweise: Egal welches Kopfrätsel man löst, langfristig profitieren davon unsere grauen Zellen, weil die verschiedenen Kopfnüsse uns mindestens dazu bringen, neue Informationen wahrzunehmen und mit alten Informationen in unserem Gehirn abzugleichen. Und das kann nie schaden.

Davon ist auch mein britischer Kollege und lieber Freund Gareth Moore überzeugt, den ich vor vielen Jahren auf einer Rätselweltmeisterschaft erstmalig traf. Der gebürtige Waliser ist heute einer der international erfolgreichsten Rätselautoren. Dabei hatte er eigentlich andere Pläne. Aufgewachsen ist er im walisischen Cardiff. Nach dem Informatikstudium promovierte er an der renommierten Universität von Cambridge auf dem Gebiet der künstlichen Intelligenz. Danach arbeitete er bei einem Hersteller von Spracherkennungssoftware, bevor er sich mit seiner eigenen Videoproduktionsfirma selbstständig machte. In seiner Freizeit betrieb der passionierte Programmierer eine Website, auf der die Nutzer Sudokus lösen konnten. Als der britische *Guardian* im Jahr 2005 zum ersten Mal Kakuros[43] herausbrachte, schlug ihm ein Kollege vor: »Bau für diese Logikrätsel doch auch eine Website!« Gesagt, getan.

Die Internetseite war gerade mal zwei Tage online, da meldete sich ein Verlag bei ihm. Ob er wohl dazu in der Lage sei, ein ganzes Buch mit Kakuros zu füllen? »Warum nicht«, sagte Gareth. »Wir brauchen es allerdings schon in einem Monat.« »Kriegen wir hin«, erwiderte Gareth. Allein von diesem Buch verkaufte der Verlag in Großbritannien schließlich 90 000 Exemplare. Seitdem hat Gareth mehr als 250 Bücher herausgebracht, die sich in über 40 Ländern gut 5 Millionen Mal verkauft haben. Sie tragen Namen wie *Workout fürs Gehirn*, *Der Gedächtnistrainer* oder *Gehirn-Training für Schlauköpfe*. Ein reiner Verkaufstrick? Oder werden wir durch das mentale Fitnessprogramm tatsächlich schlauer? Nun ja.

An dieser Stelle hilft wieder der Vergleich zu körperlichem Training. Wer jeden Tag zehn Liegestütze macht, kann irgendwann richtig gut zehn Liegestütze machen. Muskeln werden ihm (oder ihr) dadurch allerdings nicht wachsen – dafür müsste er (oder sie) entweder mehr Liegestütze machen, Gewicht auf den Rücken packen oder zu einer schwierigeren Übung wie Klimmzüge wechseln, sprich: sich steigern. Genau das gilt für jede Art von Aktivität, egal ob körperlich oder geistig.

Was können wir also daraus lernen? Vielleicht dieses: Zum einen ist bei allzu großen Versprechen immer Skepsis angesagt. Bislang hat keine Studie gezeigt, dass Gehirntraining Alzheimer heilt oder gar verhindert. Und ich glaube auch nicht, dass es eine solche Studie jemals geben wird. Zum anderen gilt: Wenn Ihnen Denkspiele Spaß machen, spielen Sie unbedingt weiter, aber bleiben Sie realistisch! Durch das Spielen von Denkspielen werden Sie vielleicht einfach nur besser im Spielen von Denkspielen. Nur weil sie schnell Sudokus lösen, steigt noch lange nicht Ihr IQ. Und wenn Sie wirklich auf kognitive Vorteile aus sind, können Sie genauso gut eine neue Sprache oder ein neues Instrument erlernen – wobei ich völlig verstehen kann, dass dort die Hürden wesentlich höher sind. Genau das ist eben der Charme der Spiele: Sie fühlen sich weder mühevoll an noch klingen sie nach Arbeit – sondern nach Spaß, Entspannung und Unterhaltung.

Aber egal ob wir ein schwieriges Rätsel lösen oder eine Herausforderung im Alltag bewältigen: Wenn wir etwas Außergewöhnliches gemeistert haben, empfinden wir Glück. Was genau spornt uns da an und beflügelt uns in der Anstrengung? Warum brauchen wir das? In welcher Weise sind unsere Gehirne darauf programmiert, sich mit Rätseln auseinandersetzen zu wollen? Und warum sind manche Menschen rätselbegeistert und andere weniger? Zu diesen Fragen kommen wir nun.

Zusammenfassung

Seit jeher ist umstritten, was Gehirnjogging wirklich bewirkt. Tatsächlich gibt es vor allem Indizien dafür, dass die Übungen die Leistung bei den trainierten Aufgaben steigern. Das heißt aber noch lange nicht, dass man dadurch zwangsläufig auch andere Kompetenzen stärkt oder seinen IQ verbessert. Studien zufolge lässt sich mithilfe von Rätseln vor allem die Leistung des Arbeitsgedächtnisses (bekannter unter dem Begriff Kurzzeitgedächtnis) erhöhen, weil sie uns dazu zwingen, neue Informationen wahrzunehmen und mit alten Informationen in unserem Gehirn abzugleichen. Und das kann nie schaden.

Die ganz harten Nüsse

*Was es uns bringt, das besonders
Knifflige zu lösen*

Manche Geschäftsideen entstehen aus Geiz, andere basieren auf Gier, aber die schönsten Ideen entspringen immer noch der Liebe. So wie im Falle von Josh Wardle und seinem Einfall, der nicht nur Millionen von Menschen begeisterte, sondern auch das Konto seines Urhebers füllte – obwohl er es nie darauf angelegt hatte.

Der gebürtige Waliser zog im Jahr 2008 für sein Masterstudium in die USA.[44] Nach dem Abschluss arbeitete er ab dem Jahr 2011 zunächst als Softwareingenieur beim Onlineportal Reddit. Zehn Jahre später kündigte er seinen Job und zog mit seiner Freundin Palak Shah nach New York. Im September 2021 wollte Wardle ihr eine besondere Freude machen. Seit Beginn der Coronapandemie und der damit verbundenen Quarantäne hatte das Paar seine Begeisterung für Rätsel wiederentdeckt. Weil seine Freundin Wortspiele aller Art liebte, widmete Wardle ihr ein eigenes und nannte es – Achtung Wortspiel – Wordle.

Die Regeln sind denkbar einfach. Man hat sechs Versuche, um ein Wort mit fünf Buchstaben zu erraten, und tippt seine Wortvorschläge in einem Raster von fünf mal sechs Feldern online ein.[45] Nach jeder Zeile, in die man einen Wortvorschlag eingetragen hat, gibt die Website, bzw. die App einen Hinweis darauf, wie viele Buchstaben man richtig getippt hat. Grün eingefärbte Felder bedeuten: Der Buchstabe ist an der richtigen Stelle. Gelb heißt: Er ist im Lösungswort enthalten, aber an einer anderen Stelle. Grau signalisiert: Der Buchstabe kommt im Lösungswort gar nicht vor.

Probieren Sie es doch selbst mal aus! Die Auflösung zum Wordle auf der folgenden Seite finden Sie auf Seite 80. (Achtung, das Wordle in diesem Buch ist ausnahmsweise nicht farbig – wie die Online-Wordles –, sondern in Graustufen gestaltet. Die Regeln funktionieren aber auch mit unterschiedlichen Grautönen genauso wie mit Grün, Gelb und Grau.)

Gesucht wird ein Wort aus fünf Buchstaben. Dafür gibt es sechs Versuche. Die schon abgebildeten Wörter im Rätsel geben Hinweise darauf, welche Buchstaben auch im gesuchten Wort vorkommen – oder nicht.

Das bedeuten die Farben:
- Grau: Diese Buchstaben kommen im Lösungswort vor, stehen allerdings noch nicht an der richtigen Stelle.
- Schwarz: Diese Buchstaben kommen vor und sind auch schon richtig platziert.
- Weiß: Diese kommen nicht im Lösungswort vor. Als kleine Ratehilfe sind diese Buchstaben in der abgebildeten Tastatur bereits weggestrichen.

Richtig kombiniert ist so nur noch ein einziges Lösungswort möglich. Kleiner Tipp: Gesucht werden immer Begriffe in der Einzahl oder Verben in ihrer Grundform, außerdem enthalten sie weder Umlaute noch ß.

Kurioserweise ist die Rätselidee von Josh Wardle gar nicht neu. Bereits im Jahr 1987 gab es in den USA eine TV-Show namens *Lingo*, in Deutschland strahlte Sat. 1 von 1993 bis 1994 die Show *5 mal 5* aus. Dabei hatten die Kandidaten fünf Gelegenheiten, ein Wort mit – Sie haben es schon erraten – fünf Buchstaben zu erkennen. Aber wie heißt es so schön: Nichts ist so mächtig wie eine Idee, deren Zeit gekommen ist. Insofern hatte Josh vielleicht einfach das richtige Timing – und die richtige Technik – auf seiner Seite.

Für seine Erfindung programmierte er extra eine minimalistische Website ohne jedwede Anzeige oder anderen grafischen Schnickschnack. Den entsprechenden Link kannte zunächst nur seine Lebensgefährtin. Aber weil sich Freude vergrößert, wenn man sie mit anderen teilt, gab das Paar die Internetadresse ein paar Wochen später an Freunde und Verwandte weiter.

Als auch die nicht genug bekommen konnten, ahnte Wardle, dass seine Idee womöglich für Größeres bestimmt war. Also machte er das Spiel der ganzen Welt zugänglich. Und stattete die Website mit einer Funktion aus, ohne die heute kaum noch eine digitale Sensation auskommt: Von nun an konnten die Spieler ihr Ergebnis schnell und einfach in den Social-Media-Kanälen teilen, um wahlweise mit ihrem Erfolg zu prahlen oder ihren Misserfolg zu beweinen. Außerdem stellte Josh Wardle jeden Tag nur ein neues Wordle auf die Website. Dadurch schuf er gewissermaßen eine natürliche Knappheit und erhielt die Lust am Spielen. Ob das funktionierte? Und wie! Mitte Dezember 2021 besuchten die Seite pro Tag etwa 50 bis 60 Menschen – vor allem Freunde und Bekannte von Wardle –, am zweiten Januarwochenende waren es dann schon 2 Millionen.

Dieser virale Erfolg blieb auch der *New York Times* nicht verborgen. Die berühmteste Tageszeitung der Welt hat ihr Geschäft schon seit Jahren auf mehrere Standbeine gestellt, und eins davon ist die Rätselabteilung. Im Januar 2022 kaufte der Medienkonzern Josh Wardle sein Spiel ab, und zwar für eine »niedrige siebenstellige Zahl«.[46]

Falls Sie sich nun fragen, ob diese Summe nicht ein wenig übertrieben ist für eine simple Rätselspiel auf einer rudimentären Website, hier ein paar Zahlen zur Einordnung: Laut Recherchen des amerikanischen Medienjournalisten Dylan Byers verzeichnete alleine die Wordle-Seite in den ersten 24 Stunden nach der Übernahme so viele Besucher wie die gesamte Seite der *New York Times* in einem Monat. Im Frühjahr 2022 belief sich die Zahl der Spieler auf 30 Millionen – pro Tag.[47] Insofern: Nein, der Kaufpreis war nicht übertrieben, sondern eher ein Schnäppchen.

Der Erfolg von Wordle beweist: Der Markt für kognitive Knobeleien ist anscheinend nicht gesättigt, sondern stets offen für Neues. Und das kann ich als Rätselmacher natürlich nur begrüßen. Deshalb habe ich mir die Markenrechte von Wordle für Deutschland und die ganze EU gesichert. Während es beim englischen Original etwa 2 000 Lösungswörter gibt, haben wir die Anzahl für die deutsche Variante aber bewusst geringer gehalten.

Und das ging so: In unserer Datenbank stehen knapp 50 000 Wörter. Zuerst haben wir alle Begriffe mit fünf Buchstaben herausgesucht und ein wenig gekürzt, sodass am Ende ungefähr 800 Wörter übrig waren. Denn es müssen Ausdrücke sein, die jeder kennt, sonst wäre es zu kompliziert. Um zum gesuchten Wort zu gelangen, gibt es unterschiedliche Methoden. Ich empfehle, stets mit einem Begriff zu beginnen, der vor allem viele Vokale enthält und in dem möglichst keine Buchstaben doppelt vorkommen. Begriffe wie »Piano« oder »Adieu« sind für den Auftakt perfekt.

Der globale Erfolg von Wordle zeigt es erneut: Von Rätseln geht ein beinahe magischer Reiz aus. Und der ist sogar so stark, dass sich Menschen gerne und freiwillig gedanklichen Qualen aussetzen, ohne dafür eine finanzielle Belohnung zu erhalten. Die Währung der Wortspiele ist Glück – und zwar das manchmal noch so kleine Glücksgefühl, das man empfindet, wenn man ein mehr oder weniger schwieriges Problem gelöst hat. Wir können vielleicht nicht alle Fragen beantworten, die uns das

Leben stellt. Doch Wort- und Zahlenrätsel besitzen immer eine eindeutige Lösung und Quiz- und Rätselfragen immer nur eine richtige Antwort. Eine Denksportaufgabe wirkt im Vergleich zu den Rätseln des Lebens nicht nur harmlos, sondern vor allem kontrollierbar. Und damit befriedigen wir Bedürfnisse, die in jedem von uns tief verankert sind.

Die drei Bedürfnisse

Wie wir im vorigen Kapitel gesehen haben, ist immer noch nicht eindeutig erwiesen, ob Rätsellösen sich tatsächlich positiv auf unsere Physiologie oder Neurobiologie auswirkt. Der psychologische Nutzen hingegen wird von keinem Wissenschaftler und keiner Wissenschaftlerin ernsthaft angezweifelt – und zwar aus drei verschiedenen Gründen, oder sagen wir besser: Bedürfnissen. Dem *Bedürfnis nach Kontrolle*, dem *Bedürfnis nach kognitiver Geschlossenheit* und dem *Bedürfnis nach Kognition*.

Beginnen wir mit dem *Bedürfnis nach Kontrolle*. Zunächst einmal muss man festhalten, dass der Erfolg von Rätseln immer eng verbunden ist mit der gesamtgesellschaftlichen Situation. Das erklärt nicht nur den weltweiten Siegeszug von Wordle inmitten der Coronapandemie. Sondern auch den Triumph des wahrscheinlich berühmtesten Rätsels aller Zeiten.

Arthur Wynne arbeitete zu Beginn des 20. Jahrhunderts als Unterhaltungsredakteur bei der inzwischen eingestellten Tageszeitung *New York World*. Sein Großvater hatte ihm einst ein Spiel beigebracht, das er *Wortkästchen* nannte. Darin sollten sämtliche Begriffe doppelt, also sowohl horizontal als auch vertikal eingetragen werden. Wynne wollte sich davon inspirieren lassen, ohne es vollständig zu imitieren. Also fügte er gewissermaßen eine eigene Note hinzu: Die senkrechten Begriffe sollten andere sein als die waagerechten.[48]

Am 21. Dezember 1913 veröffentlichte die *New York World* das erste Word-Cross Puzzle, also wörtlich übersetzt ein *Wortkreuz-*

rätsel, in Form einer Raute. Dort sollten die Leserinnen und Leser 31 Wörter eintragen, die der Erfinder Wynne am Rand kurz umschrieb – darunter ein Fluss in Russland (»Newa«), ein Vogel (»Taube«), ein Teil des Kopfes (»Gesicht«) und etwas, das an der Küste gefunden werden kann (»Sand«). Einzig den Begriff »Fun« gab Wynne vor – und genau diesen Spaß hatte das Publikum an seiner Kreation. Ein paar Wochen später erhielt die Rubrik ihren heutigen Namen, kurioserweise durch einen dummen Zufall: Weil die Schriftsetzer einen Fehler machten, stand in der Überschrift eines Tages »Cross-Word«. Und dabei blieb es.

Die Kreuzworträtsel lösten zunächst in New York, dann landesweit einen regelrechten Hype aus. Dass sie sich schließlich auch zu einem globalen kommerziellen Erfolg entwickelten, haben wir erneut einer alten Dame zu verdanken.

Im Jahr 1924 besuchte der junge Verleger Richard Simon seine Tante Wixie, eine begeisterte Anhängerin der Kreuzworträtsel. Beim Abendessen äußerte sie einen Wunsch: Sie hätte gerne ein ganzes Buch mit den Rätseln – und das brachte ihren Neffen auf eine Idee. Gleich am darauffolgenden Tag ging er mit seinem Geschäftspartner Lincoln Schuster zur *New York World* und einigte sich auf ein Geschäft: Gegen eine kleine Gebühr durfte das Duo die besten Rätsel in Buchform veröffentlichen, als zusätzlichen Kaufanreiz bekam jeder Rätselbuchkäufer einen Bleistift geschenkt.[49] Schon die erste Ausgabe wurde ein großer Erfolg, innerhalb eines Jahres verkauften die jungen Geschäftsmänner 300 000 Exemplare – und damit war der Grundstein für einen Verlag gelegt, der auf die Nachnamen seiner Gründer zurückgeht und noch heute zu den größten der Welt gehört: Simon & Schuster.

Vielen gab der große Erfolg der Kreuzworträtsel allerdings ein echtes Rätsel auf. Die einen sahen schon fast das Ende der Welt gekommen. Ein Psychiater warnte, die Rätsel könnten »einen nervösen Geist leicht aus der Bahn werfen« und Psychosen herbeiführen. Ein Kolumnist riet der Jugend, sich nicht von der Wirkung täuschen zu lassen, wenn sie ihren Wortschatz erweitern wollten: »Lest lieber Shakespeare!« Wieder andere sahen sogar den Familienfrieden in Gefahr, weil das Rätsellösen der Ehe Energie und Intimität entziehe.[50] Und – im Rückblick eine schöne Ironie der Geschichte – ausgerechnet die *New York Times* beschrieb die Rätsel ebenso abwertend wie arrogant als »primitive geistige Tätigkeit« und »sündhafte Zeitverschwendung«.

Andere sahen die Innovation wiederum wesentlich entspannter. Die Rätsel seien ganz sicher ein gutes Mittel, um die Nerven zu beruhigen und gleichzeitig das Gehirn zu trainieren. Dem schloss sich schließlich auch der *New York Times*-Verleger Arthur Hays Sulzberger an. Am 18. Dezember 1941 hatte er vom verantwortlichen Redakteur der Sonntagsausgabe einen Brief erhalten. Knapp zwei Wochen zuvor hatten die Luftstreitkräfte der japanischen Marine den US-Stützpunkt Pearl Harbor attackiert, etwa 2 400 Amerikanerinnen und Amerikaner getötet und die Weltmacht zum Eintritt in den Zweiten Weltkrieg veranlasst. In dem Brief an Sulzberger appellierte Lester Markel an seinen Verleger, ebenfalls derartige Rätsel regelmäßig ins Blatt zu nehmen: »Vor allem angesichts der Tatsache, dass wir vor düsteren Stunden stehen – daher wird es sicher ein Bedürfnis nach Entspannung geben.«[51] Zwei Monate später erschien das inzwischen legendäre Kreuzworträtsel der *New York Times* zum ersten Mal.

Nun will ich die Coronapandemie keinesfalls mit einem Weltkrieg gleichsetzen. Aber unbestritten ist: Auch das Virus versetzte die Welt ab 2020 in einen Ausnahmezustand, körperlich ebenso wie emotional. Und wenn die Welt aus den Fugen gerät, sehnen sich die Menschen danach, ein kleines bisschen Kontrolle zurückzubekommen – auch und gerne durch das spielerische Lösen nicht ganz so weltbewegender Probleme.

Schon in Goethes *Alexis und Dora* heißt es: »So legt der Dichter ein Rätsel, künstlich mit Worten verschränkt, oft der Versammlung ins Ohr; noch fehlt das Wort, das die Bedeutung verwahrt. Ist es endlich entdeckt, dann heitert sich jedes Gemüt auf und erblickt im Gedicht doppelt erfreulichen Sinn.«

Weniger poetisch formuliert: Je stärker die Welt da draußen aus den Fugen gerät, desto größer ist unser Bedürfnis nach kleinen Ablenkungen. Und wenn man sie dann noch mit den Methoden der modernen Medien kombiniert, dann stehen die Chancen gut, dass man damit ziemlich viele Menschen begeistert. So wie zum Beispiel Simon Anthony.

Der YouTube-Star

Simon, dem ich erstmalig 2008 in Indien bei einer Sudoku-Weltmeisterschaft begegnete, betreibt einen YouTube-Kanal, zu dem mich der Empfehlungsalgorithmus der Plattform eines Tages zufällig führte. Das Wortspiel »cracking the cryptic« lässt sich kaum ins Deutsche übersetzen. Es kann sich sowohl darauf beziehen, ein kryptisches Rätsel zu entschlüsseln, als auch darauf, einen Rätselmacher zu durchschauen. Und da wären wir auch schon mitten im Thema. Denn die Sprache ist einer der Erfolgsfaktoren des Kanals *Cracking the Cryptic*.

Aber fangen wir ganz vorne an. In seinem ersten Berufsleben war Simon mehr als 20 Jahre lang Investmentbanker in der Londoner City. Eine Tätigkeit, die zwar seine Ersparnisse vergrößerte, seine Lebensfreude aber verringerte. Simon selbst drückt das heute wesentlich drastischer aus: »Ich hasste meinen Job wirklich zutiefst und ich fand einfach alles daran uninteressant und ermüdend.« Er wollte nicht länger seine Lebenszeit verschwenden. Deshalb suchte er einen Ausweg, der ihm mehr Spaß machte und gleichzeitig seinen Lebensunterhalt halbwegs finanzierte. Kein ganz unwesentliches Kriterium, als Ehemann, Vater von zwei Kindern und Hausbesitzer. Bloß: Wie konnte dieser Ausweg aussehen?

In seiner Freizeit löste Simon leidenschaftlich gerne Kreuzworträtsel und Sudokus – so gut, dass er sogar an mehreren (Welt-)Meisterschaften teilgenommen hatte. Dort lernte er Anfang der 2000er seinen Landsmann Mark Goodliffe kennen, selbst mehrfacher britischer Rätselmeister. Die beiden verstanden sich auf Anhieb gut und wurden in den darauffolgenden Jahren enge Freunde. Im Frühjahr 2017 kam Simon ein Gedanke. Wie wäre es, die kryptischen Kreuzworträtsel der britischen *Times* zu lösen, sich währenddessen zu filmen und das Video bei YouTube hochzuladen? Das müsste doch sicher viele Menschen interessieren, dachte er sich.

Was für ältere Generationen ziemlich befremdlich klingt, ist für viele Jugendliche völlig normal. Seit einigen Jahren sind bei ihnen sogenannte »Let's play«-Videos schwer in Mode. Auf Plattformen wie YouTube, zugehörig zu Google, oder Twitch, das inzwischen zu Amazon gehört, schauen täglich Millionen überwiegend junger Menschen anderen übewiegend jungen Menschen beim Spielen von Videospielen zu. Einer der größten Stars ist der Amerikaner Richard Tyler Blevins, in der Szene besser bekannt unter seinem Online-Pseudonym Ninja. Im April 2022 hatte er knapp 17,5 Millionen Follower. Der Spieler mit dem Pseudonym *auronplay* belegte mit etwa 12,4 Millionen regelmäßigen Zuschauern den zweiten Platz.[52]

Simon dachte sich nun: Was die können, das kann ich auch. Sein Freund Mark dachte das zwar weniger, trotzdem ließ er sich dazu überreden, es mal auszuprobieren. Also lud Simon am 10. Juni 2017 ein Video bei YouTube hoch, in dem er ein Kreuzworträtsel der *Times* löste. Die Resonanz war ... absolut enttäuschend. Das Video erreichte gerade mal eine dreistellige Zahl von Aufrufen.

Trotzdem ließen sich die beiden davon nicht entmutigen, im Gegenteil. Von nun an luden Mark und Simon an jedem Feierabend abwechselnd ein neues Rätselvideo hoch. Die Abrufzahlen dümpelten weiter dahin, alle paar Tage kam mal ein neuer Abonnent dazu. Nichts sah danach aus, als würde Simon seinen verhassten Job als Investmentbanker für eine YouTuber-Karriere aufgeben können. Bis die beiden eines Tages beschlossen, auch Videos zu drehen, in denen sie das Logikrätsel Sudoku lösten. Und diese Entscheidung erwies sich im Nachhinein als goldrichtig.

Plötzlich bekamen sie jeden Tag Hunderte neuer Abonnenten dazu. Die sehen auf den Videos immer dasselbe: Links eine Live-Ansicht des jeweiligen Rätsels, rechts eine Webcam-Ansicht von Simon oder Mark, die das Rätsel zu lösen versuchen – und dazu all ihre Entscheidungen, Überlegungen und Stimmungen, kommentiert mit typisch britischem Humor.

Die Videos sind nicht aufwendig produziert, das Thema eine absolute Nische. Trotzdem kann man sich dem Charme der beiden Briten kaum entziehen. Und das nicht nur, weil die beiden selbst komplizierteste Sudokus lösen und seltene Einblicke in die Gedankengänge echter Rätselexperten geben; sondern vor allem deshalb, weil in ihren Kommentaren eine fast kindlich anmutende, unschuldige Bewunderung für das Design und die Eleganz der Sudokus mitschwingt. Anders formuliert: Es geht ihnen nicht darum, ihre eigenen Leistungen zu zelebrieren, sondern die Magie der Rätsel und die Fantasie der Ersteller zu honorieren.

Im April 2019 war ihr Kanal schließlich bei 50 000 Abonnenten angelangt und die beiden hatten mehrere Sudoku-Apps auf den Markt gebracht. Da entschloss sich Simon, seinen Job bei der Bank zu kündigen. Natürlich konnte er damals nicht ahnen, dass etwa ein halbes Jahr später die weltweite Coronapandemie starten würde – und genau die verhalf *Cracking the Cryptic* endgültig zum Durchbruch.

Inzwischen hat das Duo mehr als 500 000 Abonnenten, das beliebteste Video des Kanals (*A Sudoku With Only 4 Given Digits*) hatte im Frühjahr 2022 mehr als 8,5 Millionen Aufrufe. Auch aufgrund solcher Internethits können die beiden von den Einnahmen inzwischen leben. Simon verdient heute zwar etwa halb so viel wie zu seiner Zeit als Investmentbanker, ist aber doppelt so glücklich.

Ihre Fans sind nicht nur bereit, Simon und Mark mitunter 90 Minuten lang beim Lösen zuzuschauen, sondern wollen auch intellektuell gefordert werden. In einem ihrer Videos widmen sie sich einem Rätsel, das ich für die Deutsche Sudoku-Meisterschaft im Jahr 2012 entwickelt hatte.[53] Hier ist es (die Auflösung finden Sie am Ende dieses Kapitels auf Seite 81):

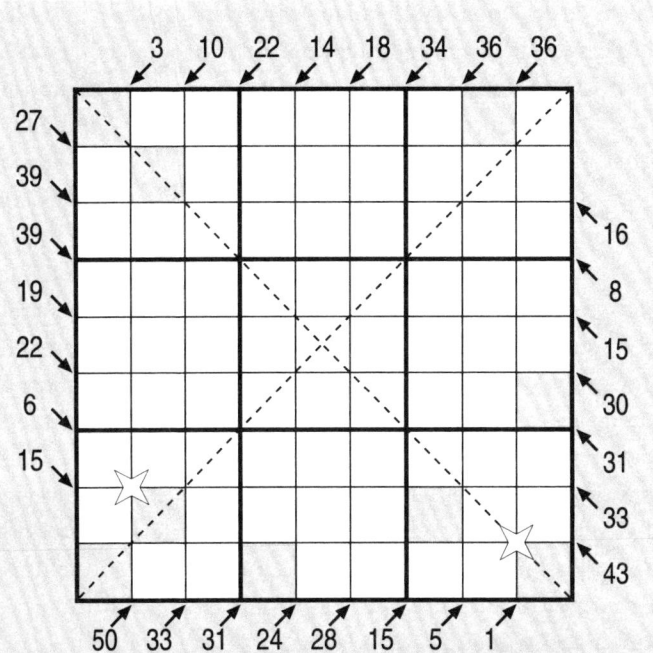

Zunächst einmal gelten die Regeln des normalen Sudoku: Alle Ziffern von 1 bis 9 müssen in jeder Spalte, jeder Zeile und jedem Drei-Mal-Drei-Feld genau einmal vorkommen. Doch hierbei handelt es sich auch um ein sogenanntes Little-Killer-Sudoku. Deshalb gibt es einige Zusatzbedingungen zum Lösen des Zahlenrätsels.

Erstens: Die Ziffern am Rand bezeichnen die Summen der in Pfeilrichtung liegenden diagonalen Felder.

Zweitens: Alle Ziffern von 1 bis 9 müssen zusätzlich genau einmal in den neun grauen Feldern und auf den beiden Hauptdiagonalen vorkommen.

Drittens: Die Ziffern der vier Kästchen, die von einem Stern berührt werden, ergeben addiert eine gerade Summe.

Klingt kompliziert? Ist es auch. Das bemerkte ich ganz besonders bei der Deutschen Sudoku-Meisterschaft 2012. Die sechs Finalisten hatten eine Stunde Zeit, fünf Sudokus zu lösen und dieses als letztes. Doch nach Ablauf der Frist war lediglich Florian Kirch fertig, die fünf anderen Superhirne hatten sich bei diesem letzten Rätsel festgebissen. Wir mussten die Zeitspanne immer weiter verlängern, bis ich schließlich allen einen Tipp gab. Mir war das damals total peinlich, weil es ja eigentlich der Sinn meiner Arbeit ist, dass die Rätsel tatsächlich gelöst werden. Heute mehr denn je.

In unserer unruhigen, reizüberfluteten Gegenwart hat die archaische Form der Knobelei einen ganz besonderen Stellenwert. Gerade weil Rätseln keinen wirklichen Sinn hat, weil es weder zwingend der Selbstoptimierung dient noch dem Kontostand, ist es die perfekte Möglichkeit, den Zumutungen des Alltags zu entfliehen. Hoch konzentriert macht man sich an eine Aufgabe, steigert langsam die Dosis und erlebt Flow-Gefühl und Glück, wenn es gelingt, zunehmend härtere Nüsse zu knacken. So lassen sich Finanzkrise, beunruhigende Eilmeldungen, Beziehungsstress und Kindersorgen für ein paar Minuten oder Stunden ausblenden.

Das kann auch der italienische Autor Cosimo Bizzari bestätigen. Weil sein Land besonders früh und besonders stark von der Pandemie betroffen war, verhängte die Regierung bereits im Frühjahr 2020 einen mehrwöchigen Lockdown. Zunächst empfand Bizzari den Zustand als angenehm und genoss die Zweisamkeit mit seiner Freundin Giulia. Die beiden kochten, lasen Bücher, schauten Filme, kuschelten auf dem Sofa und begannen ein 2 000-teiliges Puzzle der *Hochzeit zu Kana*, einem Gemälde des italienischen Malers Paolo Veronese.

Doch je länger das Paar in seinen eigenen vier Wänden gefangen war, desto eingeengter fühlte es sich, war genervt von herumliegenden Socken, lauten Telefonaten und eingeschränkter Bewegungsfreiheit. Bizzari wusste, dass er etwas dagegen unternehmen musste – und erinnerte sich an ein altes

Hobby: »Ich löse Kreuzworträtsel, weil sie mir die flüchtige Illusion vermitteln, die Kontrolle zu haben«, schrieb Bizzari im April 2020 in einem Gastbeitrag für die *New York Times*, »selbst an diesen Tagen, in denen mein Leben durch einen Mikroorganismus in Form einer stacheligen Kugel auf den Kopf gestellt wurde.«

Jedes Mal, wenn er ein neues Rätsel beginnt, verstummt der ständige Strom von Schreckensnachrichten: »Dann gibt es nur mich in meiner Blase, die vollkommen geordnet einfach nur aus schwarzen und weißen Quadraten besteht.« Diese Erfahrung habe sogar körperliche Vorteile, schrieb Bizzari: »Schon nach ein paar Minuten spüre ich, wie sich meine Muskeln entspannen, mein Atem sich verlangsamt und mein Gehirn sich besser konzentriert.«

Gerade in einer Welt, die zunehmend unübersichtlich und chaotisch erscheint, gibt es kaum etwas Tröstlicheres als den Weg zu einem fertig ausgefüllten Kreuzworträtsel oder Sudoku. Da hat jedes Feld seine vorgegebene Logik und Ordnung, alles ist in sich stimmig und komplett – was man von den wenigsten Bereichen des Lebens behaupten kann. Der Mensch mag weder abrupte Veränderungen noch chaotische Zustände, sie führen ihm die eigene Machtlosigkeit vor Augen. Gewisse Rituale können die Umstände erträglicher gestalten, denn sie stellen das Gefühl von Kontrolle zumindest teilweise wieder her. Insofern sind Rätsel, gleich welcher Art, eine Form seelischer Medizin.

Und das führt uns zur zweiten positiven Nebenwirkung, zu der wir weder unseren Arzt noch Apotheker befragen müssen: Rätsel befriedigen unser *Bedürfnis nach kognitiver Geschlossenheit*.

Kuchen statt Krümel

Der Begriff geht zurück auf den US-Sozialpsychologen Arie Kruglanski. Er ging davon aus, dass jeder Mensch – der eine mehr, die andere weniger – über einen *need for cognitive closure* verfügt.[54] Dazu gehört für Kruglanski unter anderem die Vorliebe für Struktur, die Abneigung gegen Unordnung, das Bedürfnis nach Wissen und das Unbehagen gegenüber Mehrdeutigkeit. Bildlich gesprochen: Sobald wir einen kleinen Krümel entdecken, wollen wir den ganzen Kuchen sehen.

Werden wir daran gehindert, uns ein vollständiges Bild zu machen, führt das zum sogenannten *Zeigarnik-Effekt*.[55] Die russische Psychologin Bljuma Zeigarnik konnte in Experimenten in den Zwanzigerjahren des vergangenen Jahrhunderts zeigen: Ihre Versuchspersonen erinnerten sich am allerbesten an jene Aufgabe, die sie noch nicht vollendet hatten. Die unerledigten Dinge blieben bis zu 90 Prozent besser im Gedächtnis haften.

Demnach baut eine angefangene Aufgabe zunächst mal geistige Spannung auf – und die löst sich erst dann, wenn wir die Herausforderung gemeistert haben. Andernfalls bleibt die Spannung bestehen und sorgt dafür, dass uns das Problem weiter im Gedächtnis herumspukt. Wenn es schlecht läuft, ruiniert uns dieser Zustand den ganzen Tag. Wenn es sehr schlecht läuft, ruiniert er uns das ganze Leben.

Etwas nicht zu erraten, kann buchstäblich wahnsinnig machen. So wie den griechischen Dichter Homer. Während eines Strandspaziergangs traf er auf eine Gruppe von Fischern, die ihm ein Rätsel stellten: »Was wir gefangen haben, haben wir weggeworfen, und was wir nicht gefangen haben, bringen wir mit.« Sie meinten ihre Läuse, aber Homers Überlegungen kreisten situationsbedingt um den Begriff »Fische«. Weil ihm die Lösung partout nicht einfiel, soll er vor Kummer tot umgefallen sein.[56]

Genauso wollen auch wir beim Rätselraten den intellektuellen oder kognitiven Knoten entwirren und über die Auflösung Bescheid wissen. Unser Gehirn neigt beinahe automatisch dazu, etwas Unvollständiges zu vervollständigen. Diese kognitive Geschlossenheit ist erst dann erreicht, wenn wir auf die Lösung blicken können, weil wir die richtigen Antworten gefunden haben. Ein Zustand, der nicht nur für intellektuelle Zufriedenheit sorgt, sondern bisweilen auch für emotionalen Seelenfrieden.

So wie im Falle von Deborah Sosin.[57] Die amerikanische Schriftstellerin mistete vor einigen Jahren gemeinsam mit ihrem Bruder ihr Elternhaus aus. Ihre Mutter wollte damals mit 98 Jahren in eine kleinere Wohnung ziehen, ihr Vater war bereits 2015 gestorben. Da entdeckte Sosin in einem Schrank eine abgenutzte Mappe. Darin hatte ihr Vater Kreuzworträtsel der *New York Times* aus den Jahren 1986 bis 2002 gesammelt. Manche im Original, andere als Fotokopie. Sofort erinnerte sich Sosin daran, wie ihr Vater sie schon als kleines Mädchen an die Welt der Rätsel herangeführt und sich ständig Wortspiele ausgedacht hatte. Er selbst hatte gemeinsam mit seiner Frau ebenfalls ständig Rätsel gelöst – und diese Begeisterung war auf seine Tochter übergegangen.

Als sie nun auf die Mappe stieß, nahm sie die Seiten vorsichtig heraus. Von den knapp 80 Rätseln war etwa die eine Hälfte komplett leer, die andere teilweise ausgefüllt. Warum hatten ihre Eltern sie niemals fertiggestellt? Das wusste ihre Mutter auch nicht mehr. Und da nahm Sosin sich vor, die Rätsel zu beenden. Nicht nur um sich und ihr Wissen zu testen – sondern um sich gewissermaßen wieder mit ihrem Vater verbunden zu fühlen, dessen vertraute, wenn auch altersbedingt schwache Handschrift auf den unfertigen Rätselseiten zu sehen und daran zu denken, wie er ihr am Esstisch Wörter beigebracht hatte: »Ich erinnerte mich an die Geduld und die Freude, mit der er seiner Tochter das Familienerbe des Rätselratens vermitteln wollte.«

Seine unvollendeten Kreuzworträtsel zu lösen, bedeutete für Deborah Sosin gleichzeitig, das Andenken an ihren Vater zu ehren und ihn in guter Erinnerung zu behalten. Viel schöner lässt sich dem Bedürfnis nach Geschlossenheit kaum nachkommen.

So viel also zum zweiten menschlichen Verlangen, das durch Rätseln gestillt werden kann. Aber ist unser Gehirn im Normalzustand nicht viel zu faul für außerplanmäßige Anstrengungen? Gehen wir, wenn es nicht unbedingt sein muss, nicht am liebsten den Weg des geringsten Widerstands? Schonen wir unsere geistigen Ressourcen ohne unmittelbare Belohnung nicht lieber? Von wegen – für viele Menschen besteht ein grundlegendes *Bedürfnis nach Kognition*.

Oder unwissenschaftlich ausgedrückt: Geistige Anstrengung muss gar nicht zwangsläufig in einer unmittelbaren Belohnung münden. Die Anstrengung allein ist manchmal schon Belohnung genug.

Der Lohn der Mühe

Zu diesem Ergebnis kam im Jahr 2022 zum Beispiel die Psychologin Georgia Clay von der Universität Wien.[58] Im ersten Versuch ihrer Studie sollten 121 Testpersonen verschiedene kognitive Aufgaben lösen. Clay kontrollierte währenddessen die Aktivität des Herzens – als Indikator dafür, wie sehr sich jemand anstrengte. Wie schnell zum Beispiel ihr Puls war oder wie hoch ihr Blutdruck. Bei der Versuchsgruppe hing die anschließende Belohnung davon ab, wie viel Mühe sich die Teilnehmerin beziehungsweise der Teilnehmer laut der Messungen gab – und zwar nur im Hinblick auf die Herzaktivität: Wer sich demzufolge aufgrund schwieriger Aufgaben mehr angestrengt hatte, erhielt eine höhere Belohnung als bei einfachen Aufgaben, die weniger Anstrengung erforderten. Bei der Kontrollgruppe war die Belohnung von der Anstrengung unabhängig.

Im Anschluss bearbeiteten alle Testpersonen Mathematikaufgaben, bei denen sie den Schwierigkeitsgrad selbst wählen konnten – wobei Georgia Clay explizit darauf hinwies, dass es nun überhaupt keine Belohnung mehr geben würde. Nun hätte man erwarten können, dass sich die Teilnehmerinnen und Teilnehmer entspannt zurücklehnen. Im Gegenteil: Wer zuvor für Anstrengung belohnt worden war, wählte hinterher schwierigere Aufgaben.

Dasselbe Ergebnis erhielt die Forschungsgruppe um Clay, als sie knapp 1 500 Freiwillige online Testaufgaben lösen ließ.[59] Wieder bekam die eine Hälfte für schwierige Aufgaben eine höhere Belohnung, unabhängig vom Ergebnis. Alleine der Wille zur Plackerei wurde also belohnt. Und siehe da: In einer nachfolgenden Testphase entschieden sich jene Testpersonen freiwillig für die komplizierteren Aufgaben. Anscheinend wählen Menschen nicht automatisch den Weg des geringsten Widerstands – aber können durchaus lernen, sich beim Denken gerne anzustrengen.

Diese Erkenntnis deckt sich mit einem Phänomen, das die US-Sozialpsychologen John Cacioppo und Richard Petty bereits im Jahr 1982 als »need for cognition« bezeichneten.[60] Dieses Kognitionsbedürfnis beschreibt das Ausmaß, in dem Menschen anstrengende kognitive Tätigkeiten betreiben. Oder wie Cacioppo und Petty damals schrieben: »die Neigung, Denken zu genießen«.

Wie man schon vermuten kann, trifft das nicht auf alle Menschen gleichermaßen zu. Um die verschiedenen Typen besser verorten zu können, entwickelten die beiden Psychologen eine Skala mit 18 Aussagen, die bei der Selbsteinschätzung helfen können (siehe Kasten).[61]

Bewerten Sie einfach, inwiefern jede Aussage auf Sie zutrifft – auf einer Skala von -4 (= überhaupt nicht) bis +4 (= vollkommen). Das Spektrum reicht von minus 72 (kaum kognitionsbedürftig) bis plus 72 (sehr stark kognitionsbedürftig). Und, wo stehen Sie?

Die *Need for Cognition*-Kurzskala

1. Komplexe Probleme sind mir lieber als einfache.
Überhaupt nicht -4☐ -3☐ -2☐ -1☐ 0☐ +1☐ +2☐ +3☐ +4☐ Vollkommen

2. Ich trage gerne die Verantwortung in einer Situation, die viel Denkarbeit erfordert.
Überhaupt nicht -4☐ -3☐ -2☐ -1☐ 0☐ +1☐ +2☐ +3☐ +4☐ Vollkommen

3. Nachdenken macht mir viel Spaß.
Überhaupt nicht -4☐ -3☐ -2☐ -1☐ 0☐ +1☐ +2☐ +3☐ +4☐ Vollkommen

4. Ich denke lieber mehr als weniger nach.
Überhaupt nicht -4☐ -3☐ -2☐ -1☐ 0☐ +1☐ +2☐ +3☐ +4☐ Vollkommen

5. Ich gehe keiner Situation bewusst aus dem Weg, in der ich viel nachdenken muss.
Überhaupt nicht -4☐ -3☐ -2☐ -1☐ 0☐ +1☐ +2☐ +3☐ +4☐ Vollkommen

6. Ich finde es befriedigend, lange und intensiv nachzudenken.
Überhaupt nicht -4☐ -3☐ -2☐ -1☐ 0☐ +1☐ +2☐ +3☐ +4☐ Vollkommen

7. Ich denke mehr nach als ich muss.
Überhaupt nicht -4☐ -3☐ -2☐ -1☐ 0☐ +1☐ +2☐ +3☐ +4☐ Vollkommen

8. Ich ziehe es vor, über langfristige Projekte nachzudenken anstatt über kurzfristige Probleme.
Überhaupt nicht -4☐ -3☐ -2☐ -1☐ 0☐ +1☐ +2☐ +3☐ +4☐ Vollkommen

9. Ich mag keine Aufgaben, die wenig Nachdenken erfordern.
Überhaupt nicht -4☐ -3☐ -2☐ -1☐ 0☐ +1☐ +2☐ +3☐ +4☐ Vollkommen

10. Ich bin der Meinung, dass sich kluge Ideen am Ende durchsetzen.
Überhaupt nicht -4☐ -3☐ -2☐ -1☐ 0☐ +1☐ +2☐ +3☐ +4☐ Vollkommen

11. Ich mag Aufgaben, bei denen ich neue Lösungen für Probleme finden muss.

Überhaupt nicht -4 □ -3 □ -2 □ -1 □ 0 □ +1 □ +2 □ +3 □ +4 □ Vollkommen

12. Es reizt mich besonders, neue Denkweisen zu lernen.

Überhaupt nicht -4 □ -3 □ -2 □ -1 □ 0 □ +1 □ +2 □ +3 □ +4 □ Vollkommen

13. Ich mag ein Leben voller Rätsel, die es zu lösen gilt.

Überhaupt nicht -4 □ -3 □ -2 □ -1 □ 0 □ +1 □ +2 □ +3 □ +4 □ Vollkommen

14. Ich denke gerne abstrakt.

Überhaupt nicht -4 □ -3 □ -2 □ -1 □ 0 □ +1 □ +2 □ +3 □ +4 □ Vollkommen

15. Mir sind intellektuell anspruchsvolle, komplexe und wichtige Aufgaben lieber als solche, die nicht viel Nachdenken erfordern und unwichtig sind.

Überhaupt nicht -4 □ -3 □ -2 □ -1 □ 0 □ +1 □ +2 □ +3 □ +4 □ Vollkommen

16. Ich empfinde eher Befriedigung als Erleichterung, wenn ich eine Aufgabe mit viel Denkarbeit erledigt habe.

Überhaupt nicht -4 □ -3 □ -2 □ -1 □ 0 □ +1 □ +2 □ +3 □ +4 □ Vollkommen

17. Es reicht mir nicht, *dass* etwas funktioniert – ich will wissen, *wie* und *warum*.

Überhaupt nicht -4 □ -3 □ -2 □ -1 □ 0 □ +1 □ +2 □ +3 □ +4 □ Vollkommen

18. Ich denke oft über Dinge nach, die mich persönlich nicht betreffen.

Überhaupt nicht -4 □ -3 □ -2 □ -1 □ 0 □ +1 □ +2 □ +3 □ +4 □ Vollkommen

Gesamtpunktzahl:

Je höher Ihre Punktzahl, desto größer ist laut Cacioppo und Petty Ihr Kognitionsbedürfnis. Dann empfinden Sie geistige Aktivitäten als angenehm und unterhaltsam, sind bereit, intellektuell permanent neue Wege zu gehen und suchen daher ständig neue Herausforderungen.

Fassen wir also noch mal zusammen: Menschen wollen gerne die Kontrolle behalten (oder sich zumindest einbilden, die Dinge im Griff zu haben), sie streben nach Vollständigkeit (und scheuen liegengelassene Aufgaben) und denken wesentlich lieber nach, als so mancher Misanthrop behauptet. Und diese drei Bedürfnisse können Rätsel perfekt bedienen.

Kontrolle behalten ... Lücken füllen ... das Gehirn anstrengen ... wenn Sie sich nun besonders angesprochen fühlen, dann sollten wir uns vielleicht bald mal unterhalten. Denn ich suche ständig kluge Menschen, die sich gerne den Kopf zerbrechen. Vor allem als Teil einer ganz besonderen Truppe. Seit einigen Jahren bin ich in meiner Freizeit Kapitän der deutschen Sudoku-Nationalmannschaft, die regelmäßig an internationalen Wettkämpfen teilnimmt. Dort trifft man naturgemäß nicht nur viele kluge Menschen – sondern erlebt bisweilen auch skurrile Momente. Und zu diesen Momenten kommen wir jetzt.

Doch vorher noch die Auflösung des Wordle von Seite 62 und die Auflösung meines Finalrätsels der Deutschen Sudoku-Meisterschaft 2012 von Seite 71:

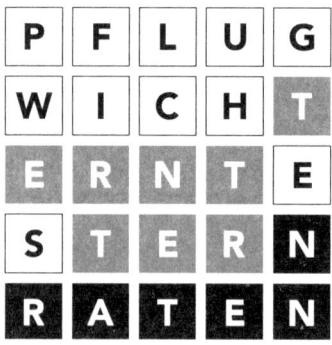

3	6	9	1	5	4	2	7	8
4	5	7	2	8	6	3	1	9
8	1	2	3	7	9	4	6	5
5	7	4	9	1	3	6	8	2
2	9	8	4	6	5	1	3	7
6	3	1	7	2	8	9	5	4
1	4	5	8	3	2	7	9	6
7	2	6	5	9	1	8	4	3
9	8	3	6	4	7	5	2	1

Zusammenfassung

Von Rätseln geht ein beinahe magischer Reiz aus, weil sie drei dringende, kognitive Bedürfnisse erfüllen. Erstens: das Bedürfnis nach Kontrolle. Je stärker die Welt da draußen aus den Fugen gerät, desto größer unser Verlangen nach kleinen Ablenkungen – erst recht wenn sie uns das Gefühl geben, die Dinge im Griff zu haben. In einem fertig ausgefüllten Kreuzworträtsel oder Sudoku hat jedes Feld seine Logik und Ordnung – was man sonst von den wenigsten Bereichen des Lebens behaupten kann. Zweitens: das Bedürfnis nach kognitiver Geschlossenheit. Unser Gehirn neigt beinahe automatisch dazu, etwas Unvollständiges zu vervollständigen. Eine angefangene Aufgabe baut zunächst mal geistige Spannung auf. Die löst sich erst, sobald wir sie vollendet haben. Und drittens: das Bedürfnis nach Kognition. Geistige Anstrengung muss gar nicht zwangsläufig in einer unmittelbaren Belohnung münden. Viele Menschen genießen es einfach, sich geistig zu betätigen.

Einer wird gewinnen!

Vom Reiz der Rätselwettbewerbe

Es gibt zwei Arten von Begegnungen: Die einen vergisst man sofort wieder – an die anderen erinnert man sich noch Jahre später. Ich zum Beispiel werde nie vergessen, wie ich Kerstin Wöge zum ersten Mal begegnet bin. Aber bevor ich Ihnen von diesem Treffen mit einer der besten Sudoku-Löserinnen Deutschlands erzähle, erlauben Sie mir einen kurzen Exkurs.

Seitdem es Menschen gibt, gibt es Wettbewerbe. Wenn man das Wort hört, denkt man beinahe automatisch an sportliche Auseinandersetzungen: mal auf der ganz großen Bühne bei Olympischen Spielen oder Europa- und Weltmeisterschaften, mal auf der ganz kleinen Bühne bei Bundesjugendspielen oder Vereinsturnieren. Was man dabei leicht vergisst: Der Begriff umfasst längst mehr als die Welt von Breiten-, Leistungs- oder Spitzensport. Wettbewerb – für Ökonomen die essenzielle Bedingung funktionierender Märkte – ist ein Grundpfeiler der modernen Gesellschaft. Kein Bereich, keine Branche, keine Berufsgruppe kommt ohne ihn aus. Mitarbeitende konkurrieren um Beförderungen, Forschungsgruppen wetteifern um Stipendien, Unternehmen kämpfen um Marktanteile, Pflanzen um Wasser, Tiere um Nahrung, Menschen um Freunde oder Geld.

Bloß: Woher kommt diese Lust am Wettstreit?

Warum wir Wettbewerbe lieben

Vorweg sei gesagt: Ich will hier gar nicht alle Menschen in einen sprichwörtlichen Topf werfen. Nein, nicht jeder von uns *liebt* Wettbewerbe. Bei manchen sorgt allein die Vorstellung, sich in ein Duell begeben zu müssen – egal ob als Einzelkämpfer oder Teamplayer –, für Nervosität, Unruhe und Anspannung.

Ich zum Beispiel hasse Wettbewerbe, und zwar schon seit meiner Jugend. Im Alter von 13 Jahren spielte ich Squash in der schleswig-holsteinischen Landesliga. Den Sport und das Training mochte ich sehr, die Turniere deutlich weniger. Einmal erhielt ich immerhin einen Fairness-Pokal, weil ich zwar immer verlor, aber nie aufgab. Zu meiner Erschütterung musste ich die Trophäe später wieder abgeben, weil der Verband ihn inzwischen zum Wanderpokal auserkoren hatte und er jedes Jahr den Besitzer wechseln sollte.

Gleichzeitig lässt es sich nicht bestreiten: Es gibt Menschen, die erst in Drucksituationen richtig aufblühen und jeden Wettbewerb aktiv suchen. Die kanadischen Psychologen Robert Franken und Douglas Brown von der Universität von Calgary haben sich in ihren Studien mit der Frage auseinandergesetzt, was genau Wettbewerbe so reizvoll macht – und dabei vor allem drei Beweggründe entdeckt: Sie befriedigen das Bedürfnis nach Siegen, bieten einen Anlass, die eigene Leistung zu verbessern, und motivieren zu größeren Anstrengungen, die wiederum die Leistung steigern.[62]

Nun lässt sich trefflich darüber diskutieren, warum manche Menschen diesen Drang zum Wettbewerb verspüren und andere ihn scheuen. Und wie Wissenschaftlerinnen und Wissenschaftler nun mal so sind: Eine Gelegenheit zur kontroversen Debatte lassen sie selten aus. Das erklärt zumindest, warum Psychologinnen und Psychologen sowie Biologinnen und Biologen schon seit Jahrzehnten darüber streiten, ob die Lust an der Leistungsschau erlernt ist oder angeboren. Kommen Menschen mit dieser Fähigkeit auf die Welt oder lehrt die Welt sie diese Fähigkeit?

Für Sigmund Freud stand die Antwort fest: Nach Ansicht des legendären Wiener Psychologen werden Menschen mit einem hohen Bedürfnis nach Aufmerksamkeit geboren. Deshalb kämpfen schon Babys um die Zuneigung ihrer Eltern. Erst recht, wenn sie noch Geschwister haben. In späteren Lebensjahren wiederum befinden wir uns laut Freud in einem permanenten

Ringen zwischen unseren Impulsen zur Selbstverwirklichung und den gesellschaftlichen Konventionen. Wer da nicht kämpft, hat gewissermaßen schon verloren.

Ähnlich wird heute die Arbeit von Charles Darwin interpretiert. Sein berühmtes Werk *Die Entstehung der Arten* begründete die Doktrin der natürlichen Auslese. Demnach überleben vor allem diejenigen Arten, die sich am besten an die Umgebung anpassen können. Diese Annahme gipfelte im Mantra des »survival of the fittest« – obwohl Darwin selbst niemals behauptete, dass immer der Stärkere überlebt. Sowohl Freud als auch Darwin glaubten aber, dass der Mensch gewissermaßen mit Kampfgeist auf die Welt gebracht wird, weil er anders nicht überleben könnte.

Inzwischen sehen Wissenschaftlerinnen und Wissenschaftler die Frage nach dem Ursprung des Konkurrenzdenkens und -handelns allerdings deutlich differenzierter. Und das haben wir auch Margaret Mead zu verdanken. Die 1978 verstorbene Amerikanerin war eine der einflussreichsten Ethnologinnen aller Zeiten. Berühmt wurde sie vor allem durch ihr 1937 veröffentlichtes Werk *Cooperation and Competition among Primitive Peoples*. Darin fasste sie ihre jahrelangen Feldstudien zusammen, für die sie verschiedene Ethnien begleitet hatte: in der Südsee und auf Neuseeland, in Südafrika und auf den Philippinen, auf Grönland und in Kanada.

Besonders bemerkenswert finde ich, was Mead bei den Zuñi im US-Bundesstaat New Mexico beobachtete. Der Stamm veranstaltete regelmäßig ein rituelles Wettrennen. Daran konnte erstmal jeder teilnehmen, der Lust hatte. Ein Sieger wurde allerdings niemals öffentlich bekannt gegeben. Falls es sich doch mal jemand angewöhnte, immer als Erster durchs Ziel zu laufen, durfte er irgendwann nicht mehr mitmachen. Damit wollten die Zuñi den Konkurrenzkampf minimieren und den Zusammenhalt maximieren – und nachdem Mead rund um den Globus ähnliche Beobachtungen gemacht hatte, schlussfolgerte die Ethnologin: Offenbar ist Konkurrenzdenken keine biologische

Gegebenheit, sondern eine kulturelle Angelegenheit – und die kann eine Gesellschaft je nach Belieben beeinflussen. Es hängt demnach auch von den Umständen ab, ob jemand lieber rivalisiert oder harmoniert.

Das bemerkte vor einigen Jahren auch der Ökonom Andreas Leibbrandt bei einer Reise nach Brasilien.[63] An der Küste des Bundesstaates Bahia arbeiten die Männer hauptsächlich als Fischer, allerdings in unterschiedlichen Gebieten. Die einen angeln auf einem See und sitzen alleine in kleinen Booten, gelegentlich nehmen sie ihre Familie mit. Die anderen fischen im Atlantik, wo sie nicht nur große Netze und größere Boote nutzen. Aufgrund der schwierigeren Umstände im Ozean sind sie auf Kooperation angewiesen und arbeiten in Teams, mal zu zweit, mal zu viert, mal zu acht. Und diese Arbeitsbedingungen prägen den Wettbewerbsgeist.

Leibbrandt konfrontierte knapp 500 Fischer mit einem simplen Spiel. Sie sollten einen Tennisball zehnmal in einen drei Meter entfernten Eimer werfen. Vorab hatten sie die Wahl: Sie konnten das Spiel entweder alleine spielen und für jeden erfolgreichen Wurf eine Belohnung erhalten. Oder sie entschieden sich für einen Konkurrenzkampf. Dann konnten sie pro Versuch zwar mehr gewinnen – aber nur, wenn sie besser abschnitten als ein anonymer Gegner (wie oft der den Eimer traf, verriet Leibbrandt allerdings nicht). Schlugen sie sich schlechter, gingen sie leer aus.

Und siehe da: Die Entscheidung war erheblich davon abhängig, wo die Männer arbeiteten. Die Seefischer, die alleine ihrer Arbeit nachgingen, wählten zu knapp 46 Prozent den Wettkampf. Bei den Meeresfischern, die in kleineren und größeren Teams zusammenarbeiteten, war das nur zu 28 Prozent der Fall. Mehr noch: Je erfahrener die Seefischer waren, desto eher wählten sie die Auseinandersetzung. Leibbrandt wiederholte das Experiment mit Frauen aus den beiden Regionen, die nicht als Fischerinnen tätig waren – und fand keinerlei Unterschiede in Sachen Wetteifer.

Offenbar liegt es also nicht nur an biologischen Faktoren, wie ausgeprägt das Konkurrenzdenken ist, sondern auch an den äußeren Bedingungen. In der individualistischen Gesellschaft der Seefischer zwingt die Natur die Menschen dazu, alleine zu arbeiten. Es liegt nur an ihnen, die besten Fangplätze zu finden und sich gegen die Konkurrenten durchzusetzen. Dadurch ist ihr Bewusstsein für Wettbewerb enorm ausgeprägt. In der kollektivistischen Gesellschaft der Meeresfischer hingegen sind die Menschen auf Teamwork angewiesen. Deshalb haben sie an individuellem Wettstreit kein so großes Interesse. Oder anders: Manche Völker oder Gesellschaften legen auf Kooperation großen Wert, andere auf Konkurrenz.

Ob es sich nun allein um eine Frage der Anlage handelt oder inwieweit dabei auch die Umwelt eine Rolle spielt: Einig sind sich Wissenschaftlerinnen und Wissenschaftler inzwischen darüber, dass westlich geprägte Gesellschaften deutlich größere Lust auf Wettbewerbe haben. Und die lässt sich auf verschiedene Arten ausleben. Man kann sich entweder sportlich miteinander messen – in Einzelsportarten wie Golf und Tennis, in Mannschaftssportarten wie Fußball oder Handball. Oder man sucht sich einen Bereich, in dem es weniger auf körperliche Faktoren ankommt und mehr auf geistige – dann empfiehlt sich zum Beispiel die Teilnahme an einem Rätselwettbewerb.

Hier endet nun der kurze Exkurs zur Psychologie des Wettbewerbs, in wenigen Augenblicken werden wir Kerstin Wöge begegnen. Vorher müssen wir aber noch mal kurz in der Zeit zurückspringen. Und zwar zu einem kalten Dezembermorgen, als plötzlich mein Telefon klingelte.

Der Zauberwürfel des 21. Jahrhunderts

Mein Freund Martin klang alarmiert. »Du musst unbedingt kommen«, sagte er zu mir, »hier in London passiert gerade etwas Bemerkenswertes.« Beunruhigt setzte ich mich ins Flugzeug und stellte fest: Martin hatte recht. Zwar waren die Busse und U-Bahnen verstopft wie eh und je, zwar gab es immer noch Fish & Chips und Nieselregen. Trotzdem war die Stadt eine andere. Ob im Nahverkehr oder im Café: Überall hörte man – nichts.

Anstatt sich zu unterhalten oder in ihre Handys zu schnattern, saßen die Menschen über Heftchen, Büchern, Zeitungen gebeugt und befüllten kleine Kästchen mit Zahlen. Am Morgen meiner Ankunft scheiterte ich beinahe daran, mir eine Runde Eier mit Speck zu bestellen. Denn nicht nur sämtliche Gäste des Frühstückslokals waren in ihre Hefte vertieft, auch die Kellnerin ließ nur höchst ungern davon ab. Und ich ahnte: Dieser vermeintlich neue Typ von Rätsel würde vielleicht nicht *die* Welt, aber *meine* Welt verändern.

Die Regeln sind schnell erklärt: Alle Ziffern von eins bis neun müssen in jeder Spalte, jeder Zeile und jedem Drei-Mal-Drei-Feld genau einmal vorkommen. So weit, so klar? Gut. Die meisten Menschen kennen das Spiel unter seinem heutigen Namen. *Sudoku* steht für den japanischen Satz »Sūji wa dokushin ni kagiru«, was sinngemäß so viel heißt wie: »Jede Zahl muss einzeln sein«. Deshalb glauben viele Menschen irrtümlicherweise, das Spiel käme ursprünglich aus Japan. Das stimmt aber nicht ganz. Erfunden hat es ein amerikanischer Architekt namens Howard Garns, im Jahr 1979 tauchte es erstmals im Rätselkompendium *Dell Pencil Puzzles and Word Games* auf. Der Erfinder starb allerdings im Jahr 1989 – und verpasste damit den weltweiten Siegeszug seiner Erfindung.

Für die globale Expansion waren vor allem zwei Männer verantwortlich. Der eine hörte auf den Namen Maki Kaji und ich habe ihn leider nur einmal treffen können. Ein exzentrischer Typ, der sich gern selbst als »Pate des Sudoku« bezeichnete und 2021 viel zu früh verstarb.[64] Nach seinem Literaturstudium in Tokio hatte er in den Siebzigerjahren zunächst in einer Druckerei gearbeitet. Aber sein eigentlicher Traum war es schon damals, ein eigenes Magazin herauszubringen, am liebsten im Bereich Kunst und Belletristik. Dann stieß er eines Tages auf ein amerikanisches Rätselheft – und gründete das Unternehmen Nikoli. Von 1980 an veröffentlichte er in Japan Rätsel aller Art. Vier Jahre später wiederum begegnete ihm Garns' Erfindung *Number Place*. Das Spiel selbst gefiel Kaji sehr gut, dessen Name weniger. Und so kam er auf den Namen *Sudoku*. Der Japaner war der Erste, der es Mitte der Achtzigerjahre in seinem Verlag veröffentlichte. Bis zum weltweiten Boom sollte es allerdings noch fast 20 Jahre dauern – auch weil die meisten Rätselverlage an dem Spiel zunächst überhaupt kein Interesse zeigten.

Dieses Interesse weckte erst ein neuseeländischer Richter. Wayne Gould arbeitete in den Neunzigerjahren in Hongkong. Beruflich musste er häufiger nach Japan, wo er sich aufgrund der Sprachbarriere furchtbar langweilte. Um sich die Zeit im Hotel zu vertreiben, besorgte er sich ein japanisches Rätselheft und stieß auf: Sudoku. In den darauffolgenden Jahren entwickelte der passionierte Programmierer in seiner Freizeit eine Software, mit der sich die Zahlenrätsel erstellen ließen. Als er bereits pensioniert war, stellte er das Sudoku während einer Londonreise der Redaktion der britischen *Times* vor – und profitierte davon, dass Maki Kaji den Namen *Sudoku* lediglich in Japan geschützt hatte. So konnte Gould ihn nicht nur gratis übernehmen, sondern verlieh seinen Rätseln damit gleichzeitig eine Aura fernöstlicher Exotik. Im Jahr 2004 sagte ihm die *Times* zu, wenige Wochen später folgte der *Daily Telegraph* – ein perfektes Marketinginstrument für all die Sudoku-Heftchen, die Wayne Gould damals schon selbst herausgab und die ihn zu einem reichen Mann machten. Nun waren die Briten infiziert. Und als diese Infektion gerade in vollem Gange war, reiste ich nach London.

Dort musste ich tatsächlich schmunzeln. Denn mir fiel ein: Was wir heute unter dem Namen Sudoku kennen, brachte ich bereits ab dem Jahr 1998 immer mal wieder testweise auf den Rätselseiten der von mir belieferten Zeitungen und Zeitschriften unter. So richtig interessierte das aber niemanden, daher nahm ich es zunächst wieder raus. Nach meiner Rückkehr aus

London dachte ich, dass ich meine Kunden eher von Sudoku überzeugen kann, und rief sämtliche Redaktionen an. Aber die Resonanz war weiterhin verhalten. Vorsichtig formuliert: Niemand war interessiert. Nach ein paar Wochen mehrten sich dann jedoch die Presseberichte in Zeitungen, Zeitschriften und Fernsehsendern über die neue britische Rätselwelle. Und plötzlich klingelte mein Telefon fast ununterbrochen: Alle, wirklich alle unsere Kunden wollten plötzlich Sudokus unterschiedlicher Schwierigkeitsgrade abdrucken, sowohl für Anfänger als auch für Fortgeschrittene. Selbst der Charme von Weltideen erschließt sich manchmal anscheinend erst auf den zweiten Blick.

Natürlich sind nicht alle Menschen gleichermaßen Fan des Spiels, wie könnte es anders sein? Kritiker halten Sudoku wahlweise für mehr oder weniger elegante Zeitverschwendung oder betrachten es als primitive Variante des Kreuzworträtsels, bei dem man immerhin noch etwas wissen muss. Häufig fragen mich Menschen, wie ich mir den Erfolg von Sudoku erkläre. Also: Es ist ein Logikrätsel, das ohne Sprache, Vorwissen oder Rechenkenntnisse auskommt, und das deshalb in vielen Ländern ohne aufwendige Erklärungen verstanden wird. Alles, was man braucht, sind die Grundregeln der Logik. Und Geduld.

Genau daran mangelte es unseren Kunden zu Beginn des Sudoku-Hypes im Jahr 2005 allerdings. Zuvor hatten sie von dem Spiel nichts wissen wollen, jetzt konnten wir ihnen die neue Ware gar nicht schnell genug liefern. Einer unserer ersten Sudoku-Kunden in Deutschland war die Berliner *B.Z.*, was insofern ein bisschen kurios ist, als dass die Boulevardzeitung außerhalb des Rätselteils nicht gerade ein Hort der Hochkultur ist. Aber die Sudoku-Welle erkannte die Redaktion tatsächlich als erste – und so wiederum entstand die Idee für einen ziemlich ungewöhnlichen Wettbewerb, der mich in den darauffolgenden Jahren unter anderem an indische Strände führte und mir zahlreiche denkwürdige Erinnerungen bescherte. Und hier kommt nun endlich Kerstin Wöge ins Spiel.

Die erste Sudoku-Meisterin

Im Winter 2005 organisierten die *B.Z.* und ich in Berlin die erste deutsche Sudoku-Meisterschaft. Wobei, genau genommen war es eher eine Stadtmeisterschaft. Am ersten Adventssonntag kamen etwa 50 Menschen aus Berlin in die Axel-Springer-Passage – und eine davon fiel mir sofort auf. In jeder Runde war sie als Erste fertig, woraufhin sie immer gleich handelte: Sie griff in ihren Rucksack und holte ein dickes Buch aus ihrem Rucksack, in dem sie dann ganz entspannt las, bis ihre Mitkonkurrenten fertig waren.

Wenn man das liest, könnte man Kerstins Verhalten womöglich als Arroganz, Überheblichkeit oder bewusste Provokation missverstehen. Aber wenn man sie ein bisschen kennt, dann wird schnell klar: So ist es keinesfalls gemeint. Sie mag es bloß nicht, sich zu langweilen. Und sie liebt Sudoku. Das ist auch der Grund, warum sie eine der besten deutschen Rätsellöserinnen ist.

Kerstin erinnert sich ebenfalls noch genau an die erste Meisterschaft und auch daran, dass sie zur Ablenkung ein dickes Buch dabei hatte (bloß welches, das ist ihr entfallen). Schon als Kind löste die gebürtige Berlinerin gerne Rätsel. Um Geld zu sparen, füllte sie die Seiten mit Bleistift aus, radierte die Lösungen weg und wartete ein paar Wochen, bis sie sie wieder vergessen hatte. Dann fing sie wieder von vorne an und wiederholte diesen Prozess, bis das Papier völlig unbrauchbar war.

Dass sie sich überhaupt zur ersten Deutschen Sudoku-Meisterschaft anmeldete, haben wir ihrer Oma zu verdanken. Die sah in der *B.Z.* den Hinweis auf den Wettbewerb. Und weil sie um die Leidenschaft ihrer Enkelin wusste, ermunterte sie sie zur Teilnahme. Aber Kerstin glaubte, dass sie sowieso nicht mithalten können würde und zögerte. Schließlich nahm sie doch all ihren Mut zusammen und meldete sich an. Hohe Erwartungen hatte sie ohnehin nicht, und vielleicht erklärt das auch ihre Gelassenheit beim Turnier. Erst als sie plötzlich in der Finalrunde stand, realisierte sie, wie weit sie gekommen war: »Da wurde ich zum ersten Mal nervös«, sagt Kerstin heute.

Im Finale gab es ein K.-o.-System – immer zwei Teilnehmerinnen und Teilnehmer gegeneinander. Kerstin weiß es noch genau: In der drittletzten Runde machte sie einen Fehler und sah sich schon geschlagen. Sie überlegte kurz, den Fehler zu suchen, entschied sich dann aber dagegen und begann komplett von vorne. Es reichte trotzdem. So wurde sie im Jahr 2005 erste deutsche Sudoku-Meisterin. Seitdem hat sie den Titel zwar nicht mehr verteidigen können, trotzdem nimmt sie jedes Jahr an den Meisterschaften teil.

Hier das erste der Originalrätsel der ersten Deutschen Sudoku-Meisterschaft in Deutschland (die Auflösung finden Sie am Ende dieses Kapitels auf Seite 100):

			4	1	5			
4						8		
			6		2			
			7	4		3		
	5							
	6							
						2	5	
9			3					
							6	8

Wer Kerstin kennenlernt, der merkt schnell: Sie ist von Natur aus eine eher friedliche und ruhige Person. Trotzdem misst sie sich seit Jahren immer wieder gerne in stundenlangen Wettkämpfen. Das kostet sie nicht nur Zeit, sondern auch Geld. Bedauerlicherweise kann man vom Rätseln nicht leben, egal ob bei den Deutschen Meisterschaften oder internationalen Wettbewerben: Es geht immer nur um die Ehre. Die Reisekosten, Flüge, Züge, Hotels und Verpflegung muss Kerstin selber zahlen. Warum tut sie sich das an? Wieso belässt sie es nicht einfach dabei, ihre Lieblings-Sudokus zu Hause zu lösen, wo es niemand mitbekommt? Weshalb sucht sie bewusst den Wettstreit mit anderen, in aller Öffentlichkeit? Was gibt ihr dieser Nervenkitzel?

»Das Ergebnis an sich ist gar nicht so wichtig«, sagt Kerstin. Es mache einfach Spaß zu gucken, wo man mit seiner Leistung steht. Kann ich mithalten, auch in einer Wettbewerbssituation? Kann ich unter Zeitdruck so schnell wie möglich richtigliegen? Außerdem ist ihr ein netter Nebeneffekt aufgefallen: Die Fähigkeiten, die sie beim Rätseln trainiert, übertragen sich mitunter auch auf ihren Beruf. Sudokus unter Zeitdruck erfordern eine schnelle Auffassungsgabe, spontan auf neue Entwicklungen zu reagieren, sich rasch in Sachen einzuarbeiten und sich zu konzentrieren. Alles Fähigkeiten, die Kerstin auch in ihrem Job braucht. Sie arbeitet bei einem Reiseveranstalter, der für seine Kunden komplett individuelle Urlaube organisiert. Auch so eine Art Rätsel, sagt Kerstin, bei dem sie die perfekte Reise finden will. Außerdem hatte die Teilnahme an den Wettbewerben einen weiteren Vorteil: Sie konnte Städte und Länder sehen, die sie andernfalls vermutlich nie kennengelernt hätte.

Der Hintergrund ist folgender: Seit 2006 wird die Deutsche Sudoku-Meisterschaft vom Verein Logic Masters Deutschland organisiert (ich bin eines der Gründungsmitglieder). Der Sieger erhält den Titel des Deutschen Meisters oder der Deutschen Meisterin und vertritt Deutschland gemeinsam mit den besten Titelverfolgern bei den World Sudoku Championships, die jedes Jahr in einem anderen Land stattfinden. Und ich habe seit dem Jahr 2010 die Ehre, die Sudoku-Nationalmannschaft als Kapitän auf die WM vorzubereiten und dorthin zu begleiten – zweimal konnten wir den Titel bereits nach Deutschland holen. Bevor da Missverständnisse aufkommen: Ich selbst mache nie bei den Wettbewerben mit, weil ich viel zu langsam bin. Stattdessen fungiere ich eher als eine Art Trainer. Immer zwei Wochen vor Beginn einer Meisterschaft wird bekanntgegeben, welche Varianten von Sudoku im Wettkampf gelöst werden. Solche Sudokus muss ich mir daraufhin schnell ausdenken und den Teammitgliedern zur Vorbereitung schicken. Dann kann ich nur noch darauf hoffen, dass jeder alleine für sich übt.

Die WM-Premiere fand 2006 im italienischen Lucca statt. In Erinnerung geblieben ist mir nicht nur die wunderbare Toskana im Frühling, sondern eine genauso wunderbare Geste: Als Ehrenschiedsrichter fungierte damals kein Geringerer als der Sudoku-Pionier Wayne Gould. Gemeinsam mit unseren Frauen verabredeten wir uns zum Abendessen und er erzählte, dass er bereits im Frühjahr 2006 alle Geschäfte bezüglich Sudoku an seinen Sohn übergeben hatte. Er war glücklich und entspannt und hatte in sehr kurzer Zeit Millionen verdient, genauso wie Josh Wardle mit Wordle 2022. Vermutlich mache ich etwas falsch, aber glücklich bin ich trotzdem.

2008 ging es für die WM nach Goa. Immerhin 89 Sudoku-Profis aus 26 Nationen schafften die Reise in den südwestlichen Zipfel des indischen Subkontinents, wobei nicht für jeden der Leistungsgedanke im Vordergrund stand: Vor allem für das australische Team zählte ganz offensichtlich der olympische Gedanke. Die vier kernigen Jungs aus Down Under hatten sich speziell für die WM ein eigenes Outfit besorgt, bestehend aus Anzügen, T-Shirts, Hemden, Krawatten, Shorts und Badelatschen. Dass eigentlich nur einer von ihnen zuvor überhaupt schon mal ein Sudoku gelöst hatte und alle eigentlich viel lieber Football spielten – sei's drum. Und während sich die anderen 85 Superhirne mit Traubenzucker, Powerriegeln und isotonischen Flüssigkeiten auf Betriebstemperatur brachten, wirkten diese vier perfekt gekleideten Herren hinter ihren stilvollen

Rotweingläsern wie eine aristokratische Abordnung aus längst vergangenen Tagen des Commonwealth. Das Team wurde in der Gesamtwertung Letzter, hatte aber definitiv den meisten Spaß.

Denken Sie nun aber bloß nicht, dieser Auftritt wäre repräsentativ für die WM. Die meisten anderen Teilnehmerinnen und Teilnehmer nehmen den Wettbewerb sehr ernst. Auch deshalb, weil die Szene der Rätselmeisterinnen und -meister vergleichsweise klein ist. Selbst bei internationalen Turnieren treffe ich seit vielen Jahren immer wieder dieselben Personen. Für mich ist das ein Grund zur Freude. Aber auch für die Spielerinnen und Spieler? Wie ist es, immer wieder gegen Menschen anzutreten, mit denen man sich schon seit Jahren immer wieder misst?

Die Psychologie der Rivalität

Bayern München gegen Borussia Dortmund, Roger Federer gegen Rafael Nadal oder Muhammad Ali gegen Joe Frazier: Rivalitäten sind vor allem aus dem Sportbereich bekannt. Doch gleichzeitig sind sie längst nicht auf Athletinnen und Athleten und Teams beschränkt. Überall dort, wo Menschen oder Marktteilnehmer um Geld, Ruhm, Ehre oder Noten kämpfen, gibt es Rivalität – egal ob Studierende um Stipendien und den perfekten Berufseinstieg buhlen oder Coca-Cola und Pepsi um Kunden.

Das weiß auch Thomas Snyder. Der Amerikaner ist einer der besten Sudoku-Rätsler der Welt und wurde bereits drei Mal Weltmeister, zum ersten Mal im Jahr 2007. Damals war Snyder noch Chemiestudent in Harvard – und trainierte später für Wettbewerbe vor allem, indem er meine Sudoku-Rätsel löste. Und nicht nur er: Gern wäre ich mit dem deutschen Team nach 2010 und 2011 auch 2014 in London wieder Weltmeister geworden, doch fehlten uns ein paar ganz wenige Punkte, um es den Helden um Jogi Löw im selben Jahr gleichzutun, sodass wir »nur« den zweiten Platz belegten. Am selben Abend stand ich direkt vor der Bühne und schaute mir das Finale der besten vier

Sudoku-Rätslerinnen und -Rätsler an, die den Einzelweltmeister 2014 unter sich ausmachten, und wurde zumindest ein wenig versöhnt. Nach einem packenden Kampf siegte schließlich der eigentlich sehr schüchterne Japaner Kota Morinishi, holte seinen ersten von bisher vier Titeln, sprang von der Bühne, kam auf mich zu und hätte mich wohl am liebsten angesprungen, wenn dies denn in seiner Kultur angemessen gewesen wäre. Aber so strahlte er mich an, verneigte sich unablässig und hielt mir ein Buch vor die Nase, mit dem er für dieses Finale trainiert hatte: Stefan Heines Rätselbibliothek Band 7, *X-Sudoku*.

Der amerikanische Organisationsforscher Gavin Kilduff findet: Gegen einen vertrauten Gegner anzutreten, ist etwas völlig anderes, als sich mit einem Fremden zu messen. Deshalb hat er sich in seiner Forschung auf dieses Thema konzentriert. Vor allem wollte er herausfinden: Beeinflusst eine Rivalität das Verhalten der Testpersonen – und wenn ja: positiv oder negativ?

Die erste entsprechende Studie veröffentlichte der US-Psychologe Norman Triplett bereits im Jahr 1898.[65] Damals verglich er die Leistungen von Radfahrern und fand heraus: Sie fuhren schneller, wenn sie im Pulk unterwegs waren anstatt alleine – und am schnellsten waren jene, die direkt gegeneinander antraten. Triplett führte das schon damals auf die »die anhaltende Wirkung des Wettbewerbsreizes« zurück.

Zu einem ähnlichen Resultat kam Gavin Kilduff im Jahr 2014.[66] Für ein Laborexperiment teilte er knapp 320 Freiwillige in zwei Gruppen. Die eine Hälfte sollte sich an ein Ereignis erinnern, bei dem sie gegen einen ihnen bekannten Rivalen angetreten war. Die andere Hälfte sollte sich daran erinnern, wie sie sich mal mit einem Fremden gemessen hatte. Und siehe da: Wer an einen bekannten Rivalen dachte, war in einer anschließenden Übung motivierter und leistungsfähiger.

Um dieses Ergebnis in der echten Welt zu testen, wertete Kilduff im Anschluss die Daten von 82 Läuferinnen und Läufern in mehr als 112 Rennen aus – und bestätigte den stimulierenden Effekt eines Rivalen. Der ließ sich sogar in Zahlen ausdrücken:

Die Anwesenheit eines direkten Konkurrenten, beziehungsweise einer direkten Konkurrentin erhöhte die Geschwindigkeit eines Läufers um knapp 5 Sekunden pro Kilometer.

Nun will ich die Gegenposition gar nicht verschweigen. Manche Forscher glauben, dass Wettbewerbe die Leistungsfähigkeit senken, weil sich die Beteiligten verkrampfen. Und egal ob bei Norman Triplett im Jahr 1898 oder Gavin Kilduff im Jahr 2014: Bei all diesen Arbeiten handelte es sich um einzelne Studien. Umso wertvoller ist die Analyse, die Nir Milstein im Jahr 2022 veröffentlichte.[67] Dabei handelt es sich um eine sogenannte Metastudie. Soll heißen: Milstein durchforstete gemeinsam mit seinem Team die wissenschaftlichen Datenbanken nach sämtlichen Untersuchungen, die sich mit dem Zusammenhang von Rivalität und Leistung beschäftigt hatten. Am Ende blieben 18 Studien mit mehr als 26 000 Beobachtungen übrig, aus den Bereichen Sport, Spendensammeln oder Management. Und das Resultat war eindeutig. Zitat Milstein: »In allen Kategorien weisen die meisten oder alle Untersuchungen auf einen positiven Zusammenhang zwischen Rivalität und Leistung hin.«

Rivalitätsforscher Gavin Kilduff vermutet: Wenn wir gegen Freunde, Bekannte, Kollegen oder Rivalen antreten, hat das Ergebnis Folgen für unser Selbstbild. Nach dem Motto: Wenn ich gegen einen Fremden oder eine Fremde verliere, kann mir das egal sein, ich sehe ihn oder sie im Zweifel ohnehin nie wieder. Wenn ich allerdings gegen Menschen verliere, die ich schon jahrelang kenne und denen ich womöglich sogar im Alltag begegne, ist das schon etwas anderes.

Das erklärt vielleicht auch, warum die Deutsche Sudoku-Meisterschaft einen Seriensieger hat. Seit 2005 fand der Wettbewerb 18-mal statt, elfmal hieß der Sieger Michael Ley. Im wirklichen Leben arbeitet er als Paketzusteller bei einem großen Logistikunternehmen. Sein Arbeitgeber hat sogar einmal versucht, ihn auf eine Planungsstelle zu versetzen, damit er sein logikgeschultes Denken noch effektiver für das Unternehmen einsetzen kann. Aber das hat er bald wieder freiwillig abgelehnt und gesagt, die Lieferfahrten und der Kontakt zu den Kunden seien ihm wichtiger. Ley ist der lebende Beweis dafür, dass man nicht Mathematiker oder Informatiker sein muss, um in der Disziplin mit den 81 Kästchen etwas Herausragendes zu leisten, und dass man keine unterkühlte Persönlichkeit sein muss, um unter Druck komplexe Aufgaben schnell zu lösen.

So viel also zu den Motiven jener Menschen, die sich auf Rätselwettbewerben seit Jahren duellieren, mal alleine, mal im Team. Man sieht schon: Rätselraten muss nicht zwingend eine einsame Tätigkeit, sondern kann genauso eine gesellige Angelegenheit sein. Inzwischen haben Wissenschaftlerinnen und Wissenschaftler auch eine ziemlich genaue Vorstellung davon, was währenddessen in unserem Kopf vorgeht – und warum sich das so gut anfühlt.

Die einen treffen sich zum Kneipenquiz, die anderen schauen zusammen *Wer wird Millionär?*, wieder andere lieben *Trivial Pursuit* oder suchen den kollektiven Ausweg aus einem Escape-Room. Mit Freunden, Kollegen oder Verwandten zu raten und zu rätseln, schafft gemeinsame Momente. Mittlerweile wissen Forscher auch relativ genau, warum sich das so gut anfühlt. Und genau diesem Aspekt widmen wir uns im nächsten Kapitel.

Und hier noch die Auflösung des Sudoku von Seite 94:

6	8	2	4	1	5	7	3	9
4	1	5	9	3	7	8	2	6
3	7	9	6	8	2	5	4	1
2	9	8	7	4	6	3	1	5
1	5	4	8	2	3	6	9	7
7	6	3	5	9	1	4	8	2
8	4	7	1	6	9	2	5	3
9	2	6	3	5	8	1	7	4
5	3	1	2	7	4	9	6	8

Zusammenfassung

Seitdem es Menschen gibt, gibt es Wettbewerbe. Sie befriedigen das Bedürfnis nach Siegen, motivieren zu größeren Anstrengungen und führen zu besseren Leistungen – auch bei Rätselwettbewerben. Die Szene der Rätselmeisterinnen und -meister ist vergleichsweise klein, seit Jahren treffen bei nationalen und internationalen Meisterschaften meist dieselben Personen aufeinander. Und diverse Studien zeigen: Solche Rivalitäten steigern die Leistung im Wettkampf noch mal zusätzlich.

Das potenzierte Glück

Wie Rätseln und Raten gemeinsame Momente schafft

Dürfte ich Sie auf eine Zeitreise entführen? Es dauert auch nicht lange, versprochen. Los geht's.

Die Geschichte spielt Anfang der Neunzigerjahre in Kiel. Dort wohnte ich damals in einer WG mit Gunnar, Norbert und Matthias, drei Schulfreunde aus meiner Heimat Eckernförde. Meine Mitbewohner hatten sich für Politik, Geografie und dergleichen eingeschrieben, ich studierte BWL und danach Jura. Allerdings machte ich in keinem der beiden Fächer einen Abschluss – vor allem, weil ich parallel zum Studium für eine Promotionagentur arbeitete, was mit der Zeit immer mehr Zeit in Anspruch nahm. Für den Job hatte ich mir extra ein Faxgerät besorgt. Und das erwies sich vor allem an einem Tag der Woche als besonders wertvoll. An jenem Tag war die Uni immer geschlossen – also, zumindest für unsere WG. Wir hatten nämlich Wichtigeres zu tun.

Mein Mitbewohner Gunnar hatte damals von seinen Eltern ein Abonnement der *Zeit* geschenkt bekommen, eigentlich ganz passend für einen Politikstudenten. Deren neue Ausgabe erscheint seit jeher immer donnerstags. An dem Tag konnten wir die Ankunft des Postboten kaum erwarten. Sobald er die Zeitung morgens in den Briefkasten geworfen hatte, folgte das immer gleiche Ritual.

Einer von uns ging das Treppenhaus hinab und zog das dicke Bündel Papier vorsichtig aus dem schmalen Schlitz, die anderen kochten schon mal frischen Kaffee. Dann suchten wir die Seite mit dem Rätsel *Um die Ecke gedacht* – das es bereits seit dem Jahr 1971 gibt –, schnitten die Seite mit einer Schere aus, kopierten sie an meinem Faxgerät und setzten uns an den Küchentisch, wo wir zwei Stunden schweigend nachdachten. Irgendwann kam niemand mehr weiter und wir tauschten uns aus. Danach ging das Schweigen weiter, wurde aber zunehmend durch laut geäußerte Vermutungen unterbrochen oder durch Fragen wie »Hat irgendwer eigentlich was bei 37 senkrecht?«.

Beim *Zeit*-Rätsel handelt es sich nicht um eines dieser trivialen Schwedenrätsel[68], dessen Lösungen man mit ein bisschen Erfahrung und ebenso viel gesundem Menschenverstand irgendwann wie ein Roboter herunterrattern kann, ohne viel und intensiv grübeln zu müssen. Nein, bei *Um die Ecke gedacht* ist der Name Programm. Dessen Autor kennt man nur unter seinem Pseudonym Eckstein, wie er wirklich heißt, wissen nur wenige. Und genauso rätselhaft soll auch seine wöchentliche Kreation sein. Eckstein legt großen Wert darauf, den Menschen echte Kopfnüsse vorzulegen. Und die lassen sich nur knacken, wenn man, wie der Name des Rätsels verrät, ordentlich um die Ecke denkt.

Ein paar eher einfache Beispiele, wie wir sie für unsere Rätsel im Stil von *Um die Ecke gedacht* zum Einsatz bringen:

- Wie heißt der Stierkämpfer einer Kneipe? *Lokalmatador.*
- Wie nennt man die Unterbrechung der Stille? *Ruhepause.*
- Wie könnte die Brotportion einer Tanzkapelle heißen? *Bandscheibe.*
- Die Gehhilfe der Grenzkontrollbehörde? *Zollstock.*
- Die Trinkstätte einer Ziffer? *Achtbar.*
- Die Pistolenmunition eines Branntweins? *Rumkugel.*
- Eine Bosheit des Weltraums? *Allgemeinheit.*
- Und wie sagt man zum Abschied der Impfstoffe? *Serenade.*

Und wo wir schon dabei sind, hier ein komplettes und deutlich schwereres, zudem gereimtes Rätsel aus der Feder eines unserer Autoren (die Auflösung finden Sie am Ende dieses Kapitels auf Seite 119):

Waagerecht

4 Spezieller Torus, der schon manchem half im Fluss **13** Es wünscht sich manch ein Visionär, dass das ein einziger Staat bloß wär ... **14** ... und zu denen zählt obendrein ein gemeinsames Heer **15** Interaktivität, wenn man auf einen geposteten Content steht **16** Operette von Lehár – Wer die ersten drei Söhne gebar? **17** Auf den Karten von 13 waagerecht stellt man sie oft in braun und weiß dar **18** Damit kann man sich an der Konsole vergnügen oder für den Ernstfall üben **21** Die Sängerin, die man auch unter diesem Namen kennt, war mal in einer schwedischen Band **22** Wurde um Isaaks Segen gebracht, denn der war nicht für dessen Bruder gedacht **23** In der Saalevakuation ist dies zu sehen, worunter Türken Flamme verstehen **25** Gegen Theoderich wehrte der vergeblich sich **27** Kurz für ein Gerät, das mancher mitsamt Ladekabel bei sich trägt **28** Es rieb in ihrer Findungsphase sich so mancher schon die Nase **30** Für Briten ein kleiner Acker: schlägt sich in einer Computerspielverfilmung stets wacker **32** Wurde umgekehrt gebrannt: Kürzel für ein Sahel-Land **33** Man kann sich zwischen Farnen in dem Ton passabel tarnen **34** Das hat nicht viel für Metropoliten, von Ruhe abgesehen, zu bieten **35** War als Anthropologe eine Koryphäe – liegt meist in einer Buche Nähe **36** Dichtete »Das Jüngste Gericht« – in dem Film verliert sie bald ihr Augenlicht

Senkrecht
1 Was manchmal hinter einem schon erklingt, wenn die Ampel gerade erst auf Gelb umspringt **2** Sollte es in Murcia gießen, wird das dann durch die Gassen fließen **3** Ist klein und rund und Gottesfurcht tut man damit kund **4** Musik durch Niederschlag? Kleidungsstück, an dem der feinen Damenwelt was lag! **5** Wie dereinst Pythagoras war auch der in Mathe krass **6** Klingt gegenüber Hunden vielleicht ein bisschen gemein, aber so schauen Katzen nun mal seltener drein **7** Fale Alea heißt da das Parlament, fernab von jedem Kontinent **8** Vicenasen nach einer Permutation: fließt bis zur Rhone durch einen Kanton **9** Solche des Blutes bedeuten nichts Gutes **10** Obwohl der Räder hat, hat sein Benutzer stets Bodenkontakt **11** Hat man eine gezogen, war einem Fortuna nicht gewogen **12** Es gab eine Heilige von Paris und eine von Brabant vielleicht überdies **19** Die sind nicht so prickelnd bei einer Diät – in ihr herrscht meist hohe Konformität **20** Durcheinander gekommener Karim: machte sich mit Rudolf verdient um das Raimundtheater in Wien **24** So einige Petalen kann man mit dieser Farbe malen **26** Der zählt, anders als die Lilie, zu unserer Familie **29** Bleibt auf der Bühne und im Leben selten ohne Partner, als eine galt **36** waagerecht Gardner **31** Wird zum Fotografen mit Man oder zur Serienfigur mit Donovan

Sie sehen schon: Für die Lösung ist kein Lexikonwissen im eigentlichen Sinne notwendig, das man wie auf Autopilot abrufen kann, sondern vor allem ein Faible für Wortspiele, die Lust, notfalls stundenlang über Dingen zu grübeln, und die Fähigkeit, sich in den augenzwinkernden, sprachlichen Witz des Rätselmachers hineinzuversetzen.

Und seit den stillen Stunden am Küchentisch in Kiel weiß ich: Die Wahrscheinlichkeit, ein solch kniffliges Rätsel zu dechiffrieren, steigt mit smarten Mitspielerinnen und Mitspielern deutlich. Gemeinsam ist man nicht nur körperlich stärker, sondern auch in intellektueller Hinsicht.

Knobeln im Kollektiv

Egal ob man sich als Gruppe von Quizbegeisterten im Pub, vorm Fernseher oder beim gemeinsamen Brettspielabend zusammentut oder als Fans von True-Crime-Games oder Escape-Rooms am Wochenende trifft, um sich gemeinsam durch Mysterien, fiktive Fallakten, Codes und Hieroglyphen durchzuknobeln: Mit Freunden, Kollegen oder Verwandten zu raten und zu rätseln, macht Spaß und bringt Menschen zusammen. Und das seit Jahrtausenden.

Der deutsche Philologe Konrad Ohlert widmete sich bereits im Jahr 1886 den *Rätseln und Gesellschaftsspielen der alten Griechen*.[69] Das Volk habe seine wahre Freude am »oft neckischen Spiel mit Wortspielen, Rätseln und Sprichwörtern« gehabt – auch weil diese Aktivitäten auf Heiterkeit und Frohsinn basieren. »Kein Volk der Erde war so empfänglich für den Genuss des Lebens und für harmlose Freude wie das griechische, aber auch bei keinem Volke finden wir so zahlreich die Spuren frischen geistigen Lebens, durch welches die Freude geadelt war.« Zu dieser heiteren Freude am Lebensgenuss habe sich eine »Neigung zu keckem Witz und frischem Humor« gesellt, schrieb Ohlert. »All diese Umstände machten es möglich, dass das Rätsel bei den Griechen eine reiche Blüte fand.« Zum Beispiel mit dieser Frage: »Was ist dasselbe am Himmel, auf der Erde und im Meer?« Die Antwort: »Bär, Schlange, Adler und Hund.« Alle vier Tiere findet man am Himmel (als Sternbilder), auf der Erde und im, bzw. am Meer (Seebär, Seeschlange, Seeadler und Seehund).

Doch diese Beschäftigung war mehr als nur ein sinnfreier Freizeitspaß. In ihrer Doktorarbeit im Jahr 2008 analysierte die deutsche Philosophin Anette Köster die *Trink- und Mahlgemeinschaften im archaischen und klassischen Griechenland*. Sich gegenseitig mit Rätseln zu unterhalten, sei damals »eine Art Volkssport« gewesen. Und der erfüllte gleich mehrere Zwecke. Sicher, er diente der Unterhaltung, war obendrein eine Art spielerischer Wettbewerb. Weil die Rätsel sprachlich und geistig anspruchsvoll waren, feilten Dichter an ihrer Sprachkunst, die Zuhörer wiederum konnten sich durch pure Denkkraft von den anderen abheben (und mussten zur Strafe für ein nicht gelöstes Rätsel manchmal einen Becher mit Salzbrühe leeren).

Disziplinierende Wirkung

Zum anderen aber erfüllte das Rätsel eine wichtige Funktion: Es hielt die Teilnehmer schlichtweg davon ab, zu schnell und zu viel zu trinken. Die Logik dahinter ist klar: Wer gemeinsam und lautstark eine Lösung diskutiert und dafür einen zumindest halbwegs klaren Verstand braucht, kann sich nicht gleichzeitig bis zum Verlust der Denkfähigkeit betrinken.

Inwieweit das Rätselspiel auch in Deutschland eine gewisse mäßigende Wirkung auf die Flüssigkeitsaufnahme hatte, lässt sich nicht mehr eindeutig recherchieren. Fest steht aber, dass geselliges Rätselraten zu Beginn des 19. Jahrhunderts auch hierzulande schwer in Mode war. Eine Sache zu verdunkeln und aufzuhellen, also zu erraten, war eine beliebte Form sozialer Geistesbeschäftigung.

Den Auftakt des ersten deutschen Knobelhypes datieren Rätselforscher heute auf den 30. Januar 1802. Damals fand am Hoftheater zu Weimar die Uraufführung von *Turandot* statt. Das Theaterstück basierte auf einer Vorlage des italienischen Theaterdichters Carlo Gozzi. Sein deutscher Kollege Friedrich Schiller hatte es adaptiert und für die Premiere eigens drei literarische Rätsel hinzugedichtet, die er der Prinzessin von China

in den Mund legte. Das bekannteste hielt in den darauffolgenden Jahrzehnten Einzug in deutsche Schulbücher:

> Wie heißt das Ding, das Wen'ge schätzen,
> Doch ziert's des größten Kaisers Hand;
> Es ist gemacht, um zu verletzen,
> Am nächsten ist's dem Schwert verwandt.
> Kein Blut vergießt's und macht doch tausend Wunden,
> Niemand beraubt's und macht doch reich,
> Es hat den Erdkreis überwunden,
> Es macht das Leben sanft und gleich.
> Die größten Reiche hat's gegründet,
> Die ältsten Städte hat's erbaut;
> Doch niemals hat es Krieg entzündet,
> Und Heil dem Volk, das ihm vertraut.
> Fremdling, kannst du das Ding nicht rathen,
> So weich aus diesen blühenden Staaten!

Die Lösung überlieferte Schiller ebenfalls in Reimform:

> Dies Ding von Eisen, das nur Wen'ge schätzen,
> Das Chinas Kaiser selbst in seiner Hand
> Zu Ehren bringt am ersten Tag des Jahrs,
> Dies Werkzeug, das, unschuld'ger als das Schwert,
> Dem frommen Fleiß den Erdkreis unterworfen –
> Wer träte aus den öden, wüsten Steppen
> Der Tartarei, wo nur der Jäger schwärmt,
> Der Hirte weidet, in dies blühende Land
> Und sähe rings die Saatgefilde grünen
> Und hundert volkbelebte Städte steigen,
> Von friedlichen Gesetzen still beglückt,
> Und ehrte nicht das köstliche Geräthe,
> Das allen diesen Segen schuf – den Pflug?

Das Publikum war begeistert. Drei Tage nach der Uraufführung schrieb Johann Wolfgang von Goethe an seinen Kollegen Schiller, dass man auf dem Rätsel in Reimform »fast eine neue Dichtungsart gründen könnte«.

Tatsächlich löste das Theaterstück eine Flut von geselligem Rätseln im Land aus. Vom Dresdner Dichter Theodor Körner wird berichtet, dass er sich die Zeit während eines Kuraufenthalts im Jahr 1810 damit vertrieb, den anderen Gästen täglich zur Teestunde nicht nur Gedichte und Märchen vorzutragen, sondern auch Rätsel zum Raten aufzugeben.[70] Der Karlsruher Dichter Johann Peter Hebel traf sich mit seiner Rätseltruppe am liebsten im Kaffeehaus *Drechsler* oder im Gasthaus *Zum Erbprinzen*. Dort wurde dann beim Mittagessen lautstark diskutiert. Einer der Gäste, ein gewisser Wilhelm Tieck, fühlte sich der Legende nach von dem Lärm derart gestört, dass er aufstand und eine andere Lokalität aufsuchte. Nur um festzustellen, dass die Gäste dort ebenfalls lautstark gemeinsam rätselten. Daraufhin ging Tieck wieder zurück in den *Erbprinzen* und bat die Rätseltruppe darum, wenigstens bis zum Dessert zu warten. Ob seine Bitte erfolgreich war? Unklar.

Man sieht es also deutlich: Egal ob bei griechischen Gelagen oder in deutschen Gaststätten – Rätselraten war niemals lediglich eine einsame Tätigkeit, sondern immer auch eine gesellige Angelegenheit. Kein stiller Monolog im ebenso stillen Kämmerlein, sondern ein mitunter ganz schön lauter Dialog in lauten Räumen, der das fröhliche Beisammensein mit der Schärfung des Verstandes kombiniert. Aber was genau steckt dahinter? Was macht uns daran so glücklich? Welche psychologischen Mechanismen sind da am Werk?

Gefühl der Gemeinsamkeit

Knobeln verbindet. Vielleicht sogar mehr als, nun ja, »normale« Hobbys wie Lesen, Joggen oder Kochen. So lautet zumindest, leicht verkürzt, eine Lektion der »Theorie der geteilten Realität« (*shared reality theory*). Sie geht zurück auf den US-Sozialpsychologen Edward Tory Higgins.[71] Er betonte in seinen Arbeiten, dass der Begriff »shared« mehrere Bedeutungen haben kann: anderen etwas mitzuteilen, aber auch etwas aufzuteilen oder gemeinsam zu haben.

Diese Verbundenheit lässt sich auf verschiedene Arten erreichen. Durch Meinungen. Durch Gefühle. Oder durch Hobbys. Die amerikanische Psychologin Maya Rossignac-Milon geht sogar noch weiter. Sie meint: Je schräger die Passion, desto besser. Klingt vergleichsweise seltsam, ist aber durchaus nachvollziehbar.

Es lässt sich nicht bestreiten: Lesen, Joggen oder Musik hören sind ebenso legitime wie weit verbreitete Freizeitbeschäftigungen. So richtig originell sind sie allerdings nicht. Wer am Feierabend hingegen gerne Binäros, Kakuros oder Sudokus löst, gehört schon eher zu einer speziellen Gruppe. Und weil der Mensch nun mal ein Herdentier ist, steigt mit der Einzigartigkeit gleichzeitig das Bedürfnis nach Bestätigung. Wenn wir dann tatsächlich auf einen Gleichgesinnten treffen, der unsere scheinbar seltene Leidenschaft teilt, empfinden wir die Nähe direkt umso intensiver: »Dieser Bestätigungseffekt hinterlässt das gute Gefühl, einen Mitstreiter gefunden zu haben«, schrieb Rossignac-Milon vor einigen Jahren in einer Studie, »und dieser Klebstoff bindet die Menschen aneinander.«[72] Alleine Sudokus zu lösen, mag vielen Menschen Freude bereiten. Es als Teil eines Teams zu erleben, spendet manchen aber noch mehr Spaß.

Und das Schöne ist: Als Teil eines Teams müssen wir gar nicht selbst auf die Lösung kommen. Es reicht schon, wenn irgendjemand aus unserer Mannschaft es schafft. Denn das führt zu einem Gefühl, das Psychologen als *vicarious pride* bezeichnen, also eine Art Stellvertreterstolz. Dahinter verbirgt sich ein Phänomen namens *basking in reflective glory*. Frei übersetzt: Wir sonnen uns gerne im Ruhm unserer Mitmenschen – zumindest dann, wenn sie zu unserem Team gehören.

Diese Erkenntnis geht zurück auf ein Experiment des US-Sozialpsychologen Robert Cialdini. Er beobachtete in den Siebzigerjahren monatelang, wie die Studierenden an sieben amerikanischen Hochschulen montagsmorgens auf den Campus kamen.[73] Und dabei entdeckte er: Die Wahrscheinlichkeit, dass sie Kleidungsstücke ihrer Uni trugen, war messbar höher, wenn ihr Footballteam am Wochenende zuvor gewonnen hatte. Außerdem bemerkte Cialdini in Befragungen: War ihre Mannschaft siegreich, sprachen die Studierenden wesentlich häufiger in der »Wir«-Form von ihrer Uni. Hatte sie verloren, benutzten sie lieber den Plural der dritten Person. Beinahe so, als wollten sie sich von der Hochschule distanzieren. »Menschen nehmen emotional an fremdem Ruhm Anteil, wenn sie mit der anderen Seite in irgendeiner Weise verbunden sind«, schrieb Cialdini, »obwohl sie zum Erfolg gar nichts beigetragen haben.«

So ein gemeinsames Rätsel setzt eben nicht nur unsere grauen Zellen in Bewegung, sondern hält uns gleichzeitig den Spiegel vor. Es zeigt ziemlich deutlich, wie Menschen ticken – insbesondere in Druck- und Extremsituationen. Der eine blüht vor lauter Stress auf, während der andere unter dem Einfluss von Adrenalin versagt. Hier entpuppt sich jemand als braver Befolger von Regeln und Abläufen, dort erweist sich jemand als Improvisationstalent. Mal wird systematisch agiert, mal erratisch. Und diese Bandbreite erklärt auch den weltweiten Erfolg eines rätselhaften Phänomens, das seinen Anfang vor einigen Jahren vermutlich in Japan nahm.

Ausbruchsversuche im Team

Alles fing wohl damit an, dass der Japaner Toshimitsu Takagi im Jahr 2004 das Computerspiel *Crimson Room* entwickelte. Darin muss der Spieler oder die Spielerin sich dadurch aus einem virtuellen Raum befreien, indem er oder sie Gegenstände findet und Fragen beantwortet. Von dieser Idee ließ sich drei Jahre später Takagis Landsmann Takao Kato inspirieren.[74] Eigentlich gab sein Unternehmen namens Scrap in Kyoto ein kostenloses Magazin heraus. Doch weil damals die Anzeigenerlöse sanken, suchte Kato nach neuen Einnahmequellen. So entstand die Idee, aus Magazintexten Veranstaltungen zu kreieren und dafür Eintritt zu nehmen. Schrieb das Magazin beispielsweise über Kimonos, organisierte Kato ein Event, bei dem die Gäste die Kleidungsstücke anprobieren konnten. Ein Artikel über Brettspiele mündete in einem gemeinsamen Spieleabend. Eines Tages berichtete das Magazin über Computerspiele wie *Crimson Room*. Und da kam Takao Kato eine Idee. Wäre es nicht ein netter Einfall, das Spiel im echten Leben nachzubauen?

Gedacht, getan. Im Jahr 2007 veranstaltete er in Kyoto den weltweit ersten Escape-Room.

Die Regeln sind schnell erklärt: Die Teilnehmer mussten sich in Teams zusammenschließen und innerhalb einer vorgegebenen Zeit aus einem geschlossenen Raum entkommen, indem sie knifflige Fragen beantworteten. Schon die Premiere war ausverkauft, ebenso wie die nachfolgenden Events. Von Kyoto aus verbreiteten sich die Räume zunächst in Japan, spätestens Anfang 2011 eröffnete der erste europäische Ableger in Budapest und als ich im selben Jahr aufgrund der Sudoku-Weltmeisterschaft Ungarn besuchte, gab es dort bereits eine ganze Reihe weiterer Escape-Rooms. Warum dort? So richtig weiß das heute niemand mehr, aber die Vermutung lautet: Erstens sind in der ungarischen Hauptstadt Kellergewölbe weit verbreitet, zweitens gab es damals aufgrund der Finanzkrise viele leer stehende Häuser – und die eignen sich hervorragend als Escape-Rooms. Heute gibt es die Räume in mehr als 100 Ländern weltweit. Alleine in den USA warten Schätzungen zufolge mehr als 2 500 auf Besucher, in Deutschland etwa 1 300. Escape-Rooms sind generationsübergreifend beliebt, sowohl bei Kindergeburtstagen als auch bei Firmenfeiern. Eine Art innenarchitektonischer Intelligenztest, der über die Jahre immer ausgefeilter geworden ist, eine Mischung aus Labyrinth, Quiz und Puzzle, bei dem man nicht nur sich und die Mitspielerinnen und Mitspieler gut kennenlernt. Selbst wenn der schnelle Erfolg ausbleibt, hat man immerhin etwas gemeinsam erlebt. Das schweißt mehr zusammen, als Zoom-Calls und Slack-Nachrichten es jemals könnten. Das sage ich nicht nur, weil ich mit meinem Team selber gerne in Escape-Rooms gehe, sondern weil ich während meiner Recherche die Studie von Diego Reinero gefunden habe.

Die Neurobiologie der gleichen Wellenlänge

Der amerikanische Psychologe lud vor einigen Jahren knapp 200 Freiwillige ins Labor und reichte ihnen eine Reihe von Rätseln.[75] Mal sollten sie Kreativitäts- und Gedächtnistests absolvieren, mal ein Sudoku lösen. Pro Runde kamen jeweils vier Teilnehmerinnen und Teilnehmer gleichzeitig in den Raum. Doch bevor sie mit den Aufgaben loslegten, teilte Reinero sie per Zufallsprinzip auf: Mal sollten sie die Tests als Vierergruppe lösen, mal jeder für sich.

Um das Gemeinschaftsgefühl der Teams noch zu stärken, verkündete der Wissenschaftler, dass die Gruppen gegen andere Mannschaften antreten würden und eine Belohnung von 200 Dollar auf sie warte, wenn sie unter den besten 5 Prozent landen. Dann sollten sie sich noch einen Namen für ihre Gruppe ausdenken und zusammen zu Musik tanzen.

Den Einzelkämpfern sagte er, dass sie gegen andere Solisten antreten. So wollte Reinero ihren Kampfgeist wecken. Und diese Unterteilung in Gruppen und Einzelkämpfer zeigte erhebliche Wirkung. Egal ob sie Sudokus lösen, Wörter entschlüsseln oder sich Bilder merken mussten: Die Teams schnitten bei fast jeder Aufgabe besser ab als die Einzelpersonen. Außerdem war ihr Zusammengehörigkeitsgefühl wesentlich größer. Als Reinero hinterher jedem einzelnen Teammitglied anbot, das Preisgeld zu verdoppeln, wenn sie ein Stück ihres Anteils freiwillig in einen Topf warfen, machten das in der Gruppenkonstellation immerhin 74 Prozent, von den Einzelkämpfern aber nur 51 Prozent.

Aber das war noch lange nicht alles. Bevor die Freiwilligen mit den Aufgaben loslegten, hatte ihnen der Forscher ein kleines Headset auf den Kopf gesetzt – eine kabellose EEG-Kappe, die die elektrische Aktivität des Gehirns aufzeichnet. Und als er die Messungen auswertete, stellte Reinero fest: Die Gruppen waren im wahrsten Sinne des Wortes auf einer Wellenlänge. Wenn sie eine Aufgabe im Kollektiv lösten, feuerten die Neuronen in ihrem Gehirn mit fortwährender Dauer der Aufgaben auf ähnlichen Frequenzen. Neurowissenschaftlerinnen und -wissenschaftler bezeichnen dieses Phänomen als *Neuronale Synchronizität*. Mehr noch: Diese Ähnlichkeit stand in unmittelbarem Zusammenhang zur Leistung. Je mehr sich die Frequenzen glichen, desto besser schnitten die Teams ab. Offenbar ist es nicht nur im übertragenen Sinne wichtig, dass die Mitglieder einer Gruppe auf der gleichen Wellenlänge sind.

Heikle Horde

Nun rätseln Sozialpsychologinnen und -psychologen schon lange darüber, was ein starkes Team auszeichnet. Das Wort stammt ursprünglich aus dem Englischen. Im 12. Jahrhundert beschrieb es eine größere Zahl an Zugtieren – Ochsen zum Beispiel. Und so wie die Tiere, die Bauern vor ihre Karren spannten, sollen heute Angestellte gemeinsam an einem Strang ziehen. Das Problem ist bloß: Wer im Team arbeiten muss, kann sich gut hinter der Leistung der Kollegen verstecken, und viele tun genau das. *Ringelmann-Effekt* nennen Arbeits- und Organisationspsychologen dieses Phänomen, und es zeigt: Teamarbeit ist durchaus heikel – weil große Gruppen die einzelnen Mitglieder zum sozialen Faulenzen verführen, indem sie sich in der Anonymität der Gruppe verstecken. Wenn es um Effizienz geht, ist die Größe einer Gruppe also ein entscheidender Faktor.

Aber gibt es so etwas wie eine optimale Gruppengröße auch beim Knobeln? Ja, die gibt es. Behauptet zumindest Patrick Laughlin, emeritierter Psychologieprofessor an der Universität von Illinois in Urbana-Champaign.[76] Er reichte vor einigen Jahren knapp 800 Freiwilligen eine Reihe von Aufgaben, in denen es darum ging, Buchstaben zu dechiffrieren. Allerdings absolvierten die Teilnehmerinnen und Teilnehmer das Spiel in unterschiedlichen Konstellationen: mal in Gruppen zu zweit, zu dritt, zu viert und zu fünft – und mal als Einzelkämpfer. Und siehe da: Ab drei Personen war eine Gruppe so stark, dass selbst der Beste unter den allein arbeitenden Personen nicht dagegen ankam.

Laughlin vermutet: Gruppen verschaffen sich einen Vorteil, indem sie auf dem Wissen und den Erkenntnissen der Mitglieder aufbauen. Das macht es einfacher, richtige Antworten zu erkennen und falsche abzulehnen. Das Ganze ist also offenbar doch mehr als die Summe seiner Teile – wobei es, wie meistens im Leben, ein paar Einschränkungen gibt. Zum einen müssen die einzelnen Mitglieder alle vergleichsweise schlau, beziehungsweise auf einem ähnlichen Wissensniveau sein. Es reicht also nicht, wenn sich ein paar Ahnungslose mit einem Universalgelehrten zusammentun. Zum anderen waren die Vierer- und Fünfergruppen in Laughlins Studie nicht besser als die Dreiergruppen – was darauf hindeutet, dass ein Trio die optimale Gruppengröße für das logikbasierte Problemlösen ist.

Insofern ist es kein Wunder, dass Gunnar, Matthias, Norbert und ich das Rätsel des *Zeit*-Magazins gemeinsam souverän meisterten. Seitdem wir nicht mehr zusammenwohnen, hat auch unsere Passion für das Rätsel nachgelassen. Ich habe neulich noch mal länger mit Gunnar telefoniert. Er hat heute kein *Zeit*-Abo mehr und spielt stattdessen lieber Wordle.

Fest steht: Beim Rätseln erfahren wir häufig Neues und manchmal Nützliches – und das entspricht irgendwie dem gesellschaftlichen Klima. Die meisten Menschen suchen nun mal in allem einem Sinn, wollen Alltag und Arbeit immer weiter optimieren und können nie effizient genug sein. Aber manchmal speist sich die Freude gerade aus der Zweckfreiheit – das vermeintlich Sinnlose macht beim Rätseln und Raten umso mehr Spaß.

Was steckt hinter dem Glück des unnützen Wissens? Und was beglückt uns derart daran, recht zu haben? Diesen Fragen widmen wir uns im folgenden Kapitel.

Aber vorher noch die Auflösung des Rätsels von Seite 107:

Zusammenfassung

Bei den alten Griechen galt schon, was auch heute noch gilt: Mit Freundinnen und Freunden, Kolleginnen und Kollegen oder der Familie zusammen zu raten und zu rätseln, macht gleich doppelt so viel Spaß und bringt einen schneller zum Ziel: egal ob beim Pub-Quiz, Kreuzworträtsel, Sudoku oder Exit Game. Als Teil eines Teams müssen wir gar nicht selbst auf die Lösung kommen – es reicht schon, wenn irgendjemand aus unserer Mannschaft es schafft. Das führt zu einem Gefühl, das Psychologen als *vicarious pride* bezeichnen, also eine Art Stellvertreterstolz. Außerdem zeigen Studien: Erfolgreiche Rätselgruppen sind im wahrsten Sinne des Wortes auf einer Wellenlänge. Wenn sie eine Aufgabe im Kollektiv lösen, feuern die Neuronen in ihren Gehirnen mit fortwährender Dauer auf ähnlichen Frequenzen – ein Phänomen namens *Neuronale Synchronizität*. Gemeinsam ist man also nicht nur körperlich stärker, sondern auch in intellektueller Hinsicht.

Methusalem wurde 969 Jahre alt

Vom Glück des unnützen Wissens

Die Freiheitsstatue hat Schuhgröße 1200. Nutella punktet mit einem Lichtschutzfaktor von 9,7. Ein Nieser kann eine Geschwindigkeit von bis zu 170 Stundenkilometer erreichen. Und mit zugehaltener Nase kann man nicht summen. Ich gebe es sofort zu, ich könnte diese Liste noch ewig fortsetzen. Und ich bin sicher: Mit dieser Freude an kuriosen Fakten bin ich nicht alleine.

Kulturpessimisten nennen sie verächtlich Klugscheißerliteratur, eine Bekannte von mir bezeichnet sie gerne als Klolektüre: Bücher, die sich besonders für den Konsum auf ebendiesem Ort eignen, quasi als leichte und seichte Unterhaltung für zwischendurch – oder als Geschenk, wenn man nicht so richtig weiß, ob und was das Geburtstagskind gerne liest.

Die entsprechenden Faktensammlungen erfreuen sich seit Jahren großer Beliebtheit. Entscheidend zum Erfolg des Genres beigetragen hat das einst sehr erfolgreiche und innovative Magazin *Neon*. Die Redaktion ließ sich nicht nur ein ebenso hübsches wie kniffliges Bilderrätsel einfallen, bei dem fünf Alltagsbegriffe, Personen oder Gegenstände im übertragenen Sinne fotografiert wurden (und die ich so sehr bewunderte, dass ich mir die entsprechenden Seiten ausschnitt). Im Jahr 2003 startete das Magazin zudem eine Serie, die sich in den darauffolgenden Jahren laut Umfrage unter den Leserinnen und Lesern zur beliebtesten Rubrik des ganzen Heftes entwickelte. Und das, obwohl der Untertitel mindestens frech, wenn nicht sogar schlicht gelogen war.

Bei der Kategorie *Unnützes Wissen* handelte es sich laut Redaktion nämlich um »skurrile Fakten, die man nie mehr vergisst«. Natürlich ist das Unsinn – viele der Fakten vergisst man unmittelbar nach der Lektüre sofort wieder. Aber diese steile These schadete dem Erfolg der Rubrik keineswegs, im Gegenteil. Dafür ist die Kategorie erstens viel zu unterhaltsam und zweitens viel zu nützlich. Doch dazu kommen wir gleich.

Aus den über die Jahre gesammelten Faktenkollektionen produzierte die Redaktion mehrere Bücher, von denen einige zu Bestsellern wurden. Der entsprechende Twitter-Account hatte knapp 100 000 Follower, eine Fanseite auf Facebook beinahe eine halbe Million Menschen. Und wie das bei erfolgreichen Innovationen immer so ist: Sie ziehen Nachahmer an. Heute findet man im Buchhandel unnützes Wissen unter anderem über Fußball, die Schule, Ostern, Fernsehen und Videospiele, die Schweiz, Bayern und die Eifel, Asterix, Harry Potter, Sherlock Holmes, James Bond oder Star Wars. Wenn Sie also demnächst noch ein Geschenk brauchen ... Gern geschehen!

Gut nur, dass der im Jahr 2004 verstorbene Dietrich Schwanitz den Erfolg der Bücher nicht mehr miterleben muss. Der deutsche Anglist landete im Jahr 1999 mit seinem Buch *Bildung* einen echten Bestseller. Darin unternahm der Literaturwissenschaftler einen Parforceritt durch Geschichte, Literatur, Philosophie, Kunst und Musik. Im Duktus des allwissenden und leicht humorlosen Professors teilte er den Leserinnen und Lesern mit, was ihm zufolge jeder halbwegs gebildete Deutsche wissen müsse – und was bitteschön auf keinen Fall. Einen Abschnitt seines Werkes widmete Schwanitz tatsächlich der »Pflicht zur Unkenntnis«. Demnach müsse ein kulturell beflissener Mensch folgende Bereiche unbedingt großflächig ignorieren: Klatsch und Tratsch über Prominente, Soap-Operas, Gameshows, alle Variationen von Reality-TV sowie die Regenbogenpresse.

Natürlich hält diese radikale Ablehnung von intellektuellem Fast Food kaum jemand im Alltag durch. Man kann ja nicht immer nur Platon und Dostojewski lesen, der Geist muss auch mal aus dem Arbeits- in den Unterhaltungsmodus schalten. Wahr ist allerdings auch, dass unnützes Wissen unter einem schlechten Image leidet. Die entsprechenden Fakten sind weder politisch noch gesellschaftlich besonders relevant. Wir werden heutzutage sowieso schon mit Informationen überflutet. Wozu brauchen wir da noch so überflüssige Auskünfte?

Ich verrate es Ihnen. In Wahrheit ist das scheinbar unnütze Wissen nämlich gar nicht so unnütz, sondern sehr nützlich. Und zwar aus mehreren Gründen: Es erleichtert häufig den Einstieg in Gespräche, ermöglicht manchmal erst ganz große Ideen, führt mitunter zu Reichtum und macht definitiv glücklich.

Futter für den Small-Talk

Erstens ermöglicht es das, was der Entertainer Harald Schmidt »Einschüchterung durch Halbbildung« nennt. Tatsächlich sind gewisse Fakten ein sehr nützliches Mittel, um mit anderen Leuten ein Gespräch anzufangen. Ich habe es schon öfters erlebt: Auf einer Party sind Gespräche umso lustiger, je interessanter man sie beginnt. Zumindest dann, wenn man die Fakten nicht im oberlehrerhaften Ton vorträgt, sie in irgendeinem Zusammenhang zum Gesprächspartner oder der Situation stehen und man gleich eine ganze Reihe von Funfacts zum Besten geben kann.

Etwa über Gesetze (»Die Reform des Hufbeschlaggesetzes von 1940 wurde vom Deutschen Bundestag 2006 mit einem Papieraufkommen von 20 000 Blatt vollzogen«), über den Tod (»Jesus' letzte Worte lauteten: ›Es ist vollbracht‹«) oder über seltsame Eltern (»Rainer Maria Rilke wurde bis zu seinem sechsten Lebensjahr von seiner Mutter wie ein Mädchen angezogen und Sophie genannt«).

Zweitens sind Fakten wie »Methusalem wurde 969 Jahre alt« ein herrlich stiller Protest. Egal ob Alltag oder Arbeit, alles muss heute *purpose* haben, also einen tieferen Sinn und Zweck verfolgen, soll stets optimiert werden und kann nie effizient genug sein. Spezialisierung, Diversifizierung und Automatisierung haben aus dem Lernen Arbeit gemacht und aus der Bildung einen Begriff des schlechten Gewissens. Da macht gerade das scheinbar Sinnfreie beim Rätseln und Raten umso mehr Spaß.

Genauso sinnfrei wie der Versuch, den ich einst als Kind startete. Mein Kumpel Sönke von nebenan und ich – wir waren damals etwa neun Jahre alt – hatten einen Traum: Wir wollten unbedingt ins *Guinness-Buch der Rekorde.* Und wussten auch schon, wie. Wir nahmen uns vor, als erste Menschen weltweit alle Zahlen von 1 bis 1 000 000 per Hand aufzuschreiben. Also kauften wir uns karierte Schulhefte und legten los: 1, 2, 3, 4, ... Wie weit wir genau gekommen sind, weiß ich nicht mehr. Aber ich erinnere mich noch daran, dass wir mehr als ein Heft füllten. Unsere Motivation litt auch deshalb, weil ich irgendwann darauf kam, dass unser Projekt rund drei Jahre dauern würde, wenn wir jeden Tag 1 000 Zahlen schreiben. Da ließen wir es lieber bleiben.

Ins *Guinness-Buch* habe ich es inzwischen aber trotzdem geschafft: Im Juli 2017 war ich wieder als Co-Moderator zu Gast im *ZDF Fernsehgarten* und wir hatten uns vorgenommen, eine Bestmarke zu knacken: Der Rekord im Gleichzeitig-Kreuzworträtsellösen lag bis dahin bei 550 Personen. Das übertrafen wir an dem sonnigen Sonntag locker: 609 Zuschauerinnen und Zuschauer vor Ort im Fernsehgarten lösten gleichzeitig zehn Minuten lang eines meiner Kreuzworträtsel.

Freude an der Zweckfreiheit

Das *Guinness-Buch* ist seit Jahrzehnten ein globaler Bestseller, obwohl (oder gerade weil) sich das Buch ausschließlich aus angeblich unnützen Fakten speist. Festzustellen, dass ein Amerikaner namens Joey Chestnut 76 Hotdogs in 10 Minuten essen kann, ist natürlich weder eine wissenschaftliche Erkenntnis noch bringt sie persönliche Vorteile. Sie ist einfach »nur« interessant. Aber gleichzeitig merken wir: Freude an Wissen ergibt sich eben manchmal nicht durch dessen Nützlichkeit, sondern gerade durch dessen Zweckfreiheit.

Und das wiederum ist nicht nur für uns als Individuen relevant – sondern für die gesamte Gesellschaft. Unnützes Wissen wertzuschätzen dient nicht nur der Pflege individueller Marotten. Es ist vielmehr eine gesamtgesellschaftliche Aufgabe. Diese Erkenntnis verdanken wir einem Mann, der hierzulande zwar kaum bekannt ist, in Wahrheit aber einer der wichtigsten Universitätsreformer des 20. Jahrhunderts war.

Abraham Flexner kam im Jahr 1866 als Sohn deutsch-jüdischer Eltern in Louisville zur Welt. Weil seine Eltern acht weitere Geschwister zur Welt brachten, lernte er schnell, dass nur Bildung die Chance zum sozialen Aufstieg bietet. Nach dem Studium arbeitete Flexner zunächst als Lehrer in seiner Heimatstadt, dann gründete er seine eigene Schule. An Mr. Flexner's School unterrichteten acht Lehrer sechs Sprachen und fünf verschiedene Naturwissenschaften. Flexner legte größten Wert auf die individuelle Betreuung jedes Schülers oder jeder Schülerin. Es gab weder Prüfungen noch Auszeichnungen. Flexners tiefe Überzeugung war: Lernen sollte sich nicht auf das Streben nach guten Noten beschränken, sondern muss um des Lernens willen geschehen.[77]

Diesen Grundsatz behielt er bei – und formte daraus Jahrzehnte später den Kern seiner beruflichen Strategie. In den Dreißigerjahren suchte Flexner Finanziers für eine neue akademische Einrichtung. Er wollte herausragenden Forschern die Möglichkeit geben, sich vollkommen frei ihrer Arbeit im Bereich der Grundlagenforschung zu widmen – ohne lästige bürokratische Hindernisse, ohne verpflichtende Lehrveranstaltungen, egal ob in den Natur- oder den Geisteswissenschaften.

Die Essenz seiner Philosophie beschrieb Flexner in einem Essay, das im Jahr 1939 im US-Magazin *Harper's* erschien – unter dem Titel *The Usefulness Of Useless Knowledge*. Darin plädierte er für eine zweckfreie, nur von Neugierde und Fantasie getriebene Wissenschaft. Seine Kernthese: Viele bahnbrechende Entdeckungen seien von Männern und Frauen gemacht worden, die nicht durch den Wunsch nach Anwendung, sondern allein durch ihre Neugier angetrieben wurden.

In seinem Essay nannte Flexner einige Beispiele angeblich »nutzloser« Forschung, die sich erst im Nachhinein als enorm nützlich erwies. Zum Beispiel erinnert er sich in seinem Text an ein Gespräch mit dem Kodak-Gründer George Eastman. Er wollte von Eastman wissen, wen dieser für den nützlichsten

Wissenschaftler der Welt halte – und Eastman habe spontan geantwortet: »Marconi«. Gemeint war der italienische Physiker Guglielmo Marconi, dem es im Jahr 1901 erstmals gelang, ein Morsesignal über den Atlantischen Ozean zu schicken. 1909 erhielt er den Nobelpreis für Physik.

Dabei, so Flexner, sei Marconis Einfluss auf die Verbesserung des menschlichen Lebens »praktisch vernachlässigbar«. Tatsächlich nämlich hätten vor allem der schottische Physiker James Clerk Maxwell und sein deutscher Kollege Heinrich Hertz durch ihre Grundlagenforschung den sprichwörtlichen Acker bestellt, den Marconi dann für die Ernte nutzte. Flexner appellierte deshalb daran, den Ausdruck »nützlich« nicht zu wörtlich zu nehmen, da er dem Potenzial des menschlichen Geistes nicht gerecht werde. Und daraus zog er gleichzeitig sein Fazit für Bildungsinstitutionen: Sie sollten sich vor allem darum kümmern, die Neugier und Fantasie ihrer Schülerinnen und Schüler, Studentinnen und Studenten und Dozentinnen und Dozenten zu pflegen: »Je weniger sie durch Überlegungen zur unmittelbaren Anwendung abgelenkt werden, desto eher tragen sie nicht nur zum menschlichen Wohlergehen bei, sondern auch zur ebenso wichtigen Befriedigung des intellektuellen Interesses.«

Kurzum: Flexners Suche nach Sponsorinnen und Sponsoren basierte vor allem auf der Strategie, den Nutzen des nutzlosen Wissens zu propagieren. Und damit hatte er tatsächlich Erfolg. Louis Bamberger und seine Schwester Caroline Fuld, die im Jahr 1929 ihren Anteil am New Yorker Kaufhaus Macy's veräußert hatten, investierten einen Teil ihres Vermögens in die Gründung des Institute for Advanced Study in Princeton – einem intellektuellen Paradies, in dem die dorthin berufenen Wissenschaftlerinnen und Wissenschaftler keinerlei Verpflichtungen, sondern, wie Flexner sich ausdrückte, nur Gelegenheit zum ungestörten Forschen haben sollten. Auch dank deutscher Natur- und Geisteswissenschaftlerinnen und -wissenschaftler, die vor den Nazis geflüchtet waren und an dem Institut unterrichteten. Ein früher Gast, der bis an sein Lebensende blieb: Albert Einstein.

An dieser Stelle ein kleiner Funfact zu Abraham Flexner – man weiß ja nie, wann man ihn mal brauchen könnte: Der US-Präsident Franklin D. Roosevelt schrieb Einstein damals unmittelbar nach dessen Einwanderung einen Brief und lud ihn zu sich ins Weiße Haus ein. Doch nicht Einstein, sondern Flexner beantwortete den Brief. Darin ließ er den Präsidenten wissen, dass Einstein in aller Abgeschiedenheit forschen müsse, und zwar ohne jede Ausnahme. Der Legende nach stellte Einstein sicher, dass er fortan seine Post selbst beantwortete.

Aber mal von dieser eigenwilligen Betreuung seiner Starforscher abgesehen, ist Flexners Plädoyer für angeblich unpraktikables Wissen noch heute aktuell. In einem Zeitalter, das von Produktivität und Effizienz besessen ist, bleibt mitunter wenig Raum für abstraktes Wissen und für jene Art von Neugier, die bahnbrechende Ideen erst ermöglicht. »Der wahre Feind der Menschheit ist nicht der furchtlose und unverantwortliche Denker, ob er nun recht hat oder nicht«, schrieb Flexner, »sondern wer versucht, den menschlichen Geist so zu formen, dass er es nicht wagt, seine Flügel auszubreiten.«

Wertvolles Wissen

Das klingt natürlich reichlich pathetisch. Aber tatsächlich weiß man eben nie, wann man dieses oder jenes Wissen mal im wahrsten Sinne des Wortes gewinnbringend einsetzen kann. Wer wüsste das besser als Eckhard Freise, Gerhard Krammer, Maria Wienströer, Stefan Lang, Timur Hahn, Ralf Schnoor, Sebastian Langrock, Thorsten Fischer, Leon Windscheid, Jan Stroh oder Ronald Tenholte? Sagen Ihnen diese Namen etwas? Falls nein: Bei dieser Liste handelt es sich um alle noch lebenden Personen, die in Deutschland bei *Wer wird Millionär?* alle Fragen korrekt beantwortet haben (die zwölfte Millionärin, Marlene Grabherr, ist inzwischen verstorben).

Handelte es sich bei diesen Personen um Intellektuelle im klassischen Sinne, die sich, wie Dietrich Schwanitz einst verlangte, vor allem in den Bereichen Geschichte, Literatur, Philosophie, Kunst und Musik auskannten? Und die alles vermeintlich Triviale und Banale aus dem Großraum Unterhaltung mieden?

Schauen wir doch mal auf alle gelösten Millionenfragen in chronologischer Reihenfolge (Auflösung auf Seite 139):

1. Mit wem stand Edmund Hillary 1953 auf dem Gipfel des Mount Everest?
   a. Nasreddin Hodscha
   b. Nursay Pimsorn
   c. Tenzing Norgay
   d. Abrindranath Singh

2. Welcher berühmte Schriftsteller erbaute als diplomierter Architekt ein Freibad in Zürich?
   a. Joseph Roth
   b. Martin Walser
   c. Max Frisch
   d. Friedrich Dürrenmatt

3. Wer bekam 1954 den Chemienobelpreis und 1962 den Friedensnobelpreis?
   a. Linus Pauling
   b. Otto Hahn
   c. Pearl S. Buck
   d. Albert Schweitzer

4. Welches chemische Element macht mehr als die Hälfte der Masse eines menschlichen Körpers aus?
   a. Kohlenstoff
   b. Kalzium
   c. Sauerstoff
   d. Eisen

5. Welches Meer ist nach einem mythologischen König benannt, der sich dort hineingestürzt haben soll?
   a. Ionisches Meer
   b. Ägäisches Meer
   c. Adriatisches Meer
   d. Kaspisches Meer

6. Wie heißt die erste deutsche Briefmarke, die 1849 in Bayern herausgegeben wurde?
   a. Schwarzer Einser
   b. Roter Zweier
   c. Gelber Dreier
   d. Blauer Vierer

7. Wer sollte sich mit der »Zwanzig nach vier«-Stellung auskennen?
   a. Fahrlehrer
   b. Karatemeister
   c. Kellner
   d. Landschaftsarchitekt

8. Die Entfernung von der Hauptstadt Berlin zum Erdmittelpunkt ist ungefähr so groß wie zwischen Berlin und ...
   a. Tokio
   b. Kapstadt
   c. Moskau
   d. New York

9. Aus insgesamt wie vielen Steinchen besteht der klassische von Ernő Rubik erfundene Zauberwürfel?
   a. 22
   b. 24
   c. 26
   d. 28

10. Welches dieser Grimm'schen Märchen beginnt nicht mit
»Es war einmal ...«?
    a. Rumpelstilzchen
    b. Hans im Glück
    c. Die Sterntaler
    d. Rotkäppchen

11. Die klassische, genormte Europalette EPAL 1 besteht aus
78 Nägeln, neun Klötzen und insgesamt wie vielen Brettern?
    a. Neun
    b. Zehn
    c. Elf
    d. zwölf

12. Welche beiden Gibb-Brüder der Popband The Bee Gees
sind Zwillinge?
    a. Robin und Barry
    b. Maurice und Robin
    c. Barry und Maurice
    d. Andy und Robin

Sie sehen schon: Die Lektüre von Dietrich Schwanitz' Bestseller
hätte den Kandidaten in dieser Situation ebenso wenig geholfen wie der regelmäßige Konsum von Nachrichtenmedien. Mit
Bildung im klassischen Sinne haben die Antworten nichts zu
tun. Stattdessen erfordern alle Fragen eine spezielle Art von
Kenntnis, die man in keinem Schulbuch findet und die weder
bei Intelligenz- noch Pisa-Tests eine Rolle spielt, sondern die
man meistens irgendwo zufällig aufgeschnappt und sich aus
irgendwelchen unerfindlichen Gründen gemerkt hat. Anders
formuliert: Sie erfordern den Besitz von unnützem Wissen (es
sei denn, man ist in dieser Drucksituation mutig genug, sich die
Antwort wie im Falle der Europalette durch logisches Denken
herzuleiten).

Das erklärt auch, warum Sebastian Langrock zumindest äußerlich einigermaßen cool blieb und sogar auf seinen letzten Joker verzichtete, als ihm im Frühjahr 2013 die Millionenfrage gestellt wurde. Noch bevor Günther Jauch die vier Antwortmöglichkeiten vorgelesen hatte, stand Langrock von seinem Stuhl auf und äußerte den Wunsch, in der Antwort solle bitte irgendetwas mit »Kellner« vorkommen. Hinterher wurde gefragt, woher er das wusste. Seine Antwort: Er hatte es in einem Buch mit unnützem Wissen gelesen.

Sie merken schon, dass mich dieses Thema mehr als andere Bereiche interessiert, und vielleicht ist hier die richtige Gelegenheit, dass ich mich bei vielen meiner Freundinnen und Freunde und Bekannten dafür entschuldige, dass ich offensichtlich gern mal den Klugscheißer gebe. Das ist gar keine Absicht, doch weiß ich anscheinend so viel unnützen Kram und kann mich zudem nicht zurückhalten, es kundzutun, dass ich unangenehm als Angeber auffalle. Mich interessiert aber derart vieles, dass ich mir regelmäßig die abwegigsten Dokumentationen anschaue und dabei bleibt anscheinend immer etwas hängen. Diesem Hobby bin ich bereit vor über 30 Jahren zusammen mit meiner Kieler Studenten-WG nächtelang nachgekommen. Würde ich heute von Günther Jauch nach der Kleiderordnung im amerikanischen Profi-Frauen-Bowling der Neunzigerjahre gefragt, hätte ich vermutlich eine Ahnung. Ich wüsste auch, wer Tish Johnsen war, habe aber keinen Schimmer, warum ich mir manche Dinge merke und andere nicht. Bisher habe ich die zahlreichen Anfragen fast aller Quizshows abgelehnt, von denen ich gebeten wurde, als Kandidat aufzutreten, und würde viel lieber selbst eine eigene Sendung gestalten und moderieren. Suchen Sie doch mal auf YouTube nach dem Begriff *Rätselküche* – dort rätsle ich in meinem eigenen Knobelformat mit Prominenten wie Linda Zervakis, Steven Gätjen und anderen, ohne dass Nichtwissen peinlich werden könnte. Anders als bei klassischen Quizshows bevorzuge ich es, meinen Kandidaten beim Lösen zu helfen, statt diese bloßzustellen.

Tatsächlich setzen Quizshows wie *Wer wird Millionär?* eine Tradition fort, die bereits seit den Achtzigerjahren im Bereich der Wissensspiele funktioniert: Das weltweit erfolgreiche Spiel *Trivial Pursuit* zelebriert schon in seinem Titel die »Jagd nach wissenswerten Belanglosigkeiten«. Um solche Trivialitäten geht es seit dem Jahr 2015 auch in der ARD-Sendung *Wer weiß denn sowas?*. Die 500. Folge im November 2019 sahen 5,56 Millionen Zuschauerinnen und Zuschauer.

Aber selbst wenn dieses vermeintlich unnütze Wissen nicht zu tiefgründigen Gesprächen, weltbewegenden Erfindungen oder materiellem Wohlstand führt, so kann es uns doch zumindest eines verschaffen: seelische Befriedigung. Deshalb liebe ich es auch so sehr, mich einfach von meiner Neugier treiben zu lassen und alles zu lesen, was ich in die Finger bekommen. Je abseitiger, desto besser. Egal ob Fachzeitschrift für den Lebensmitteleinzelhandel, Jägerkatalog oder Zahnarztzeitschrift: Natürlich bleibt nie alles hängen, aber manches eben doch.

Die Würdigung der Aprikose

Bertrand Russell würde mich verstehen. Der britische Philosoph war bekannt dafür, sich gerne mit einer Vielzahl von Themen zu beschäftigen. Das spiegelt sich auch in seinem Buch *Lob des Müßiggangs* aus dem Jahr 1935. Darin behandelt er unter anderem soziale Aspekte der Architektur, die Vor- und Nachteile von Kapitalismus, Faschismus und Kommunismus sowie das Verhältnis von Menschen und Insekten.

Am häufigsten zitiert wird das Buch heute allerdings wegen seines Titels. Im gleichnamigen ersten Kapitel beschreibt Russell seine Utopie einer neuen Arbeitswelt, in der die Menschen nur noch vier Stunden am Tag arbeiten – eben so viel, dass das Geld zum Leben reicht, dass aber gleichzeitig genug Zeit bleibt, um sich in der Freizeit mit Dingen zu beschäftigen, die Glück, Lebensfreude und Erfüllung bringen.

Aber das Buch ist mitnichten nur ein Plädoyer für mehr Müßiggang. Es beinhaltet gleichzeitig einen flammenden Appell für unnützes Wissen. Denn genauso heißt das zweite Kapitel des Buchs. Zweifellos sei »nützliches« Wissen sehr hilfreich und wichtig, schreibt Russell. Es habe die moderne Welt geschaffen, Maschinen, Autos, Eisenbahnen oder Flugzeuge. Doch vor lauter Begeisterung am Fortschritt seien die Menschen immer mehr zu der Überzeugung gekommen, dass nur jenes Wissen lohnend sei, das sich auf irgendeinem Gebiet des allgemeinen Wirtschaftslebens nutzbringend anwenden lässt. Aber: »Der Besitz jenes Wissens, das nicht zur technischen Leistungsfähigkeit beiträgt, hat auch mittelbaren Nützlichkeitswert verschiedener Art.« Und zwar aus verschiedenen Gründen.

Erstens sei es gar nicht gut, immer nur »nach rein fachmännischem Können« zu streben: »Wir finden bei den japanischen Imperialisten, den russischen Kommunisten und deutschen Nazis durchweg einen gewissen übersteigerten Fanatismus, der sich daraus ergibt, dass sie allzu ausschließlich in der Vorstellungswelt leben, bestimmte Leistungen vollbringen zu müssen.«

Zweitens fördere die Freude an zweckloser Bildung und ein spielerischer Umgang mit Wissen die charakterliche Schokoladenseite: »Der Raufbold und Quälgeist einer Schule ist selten ein Junge, der im Unterricht Überdurchschnittliches leistet.« Außerdem schaffe auch das Wissen um angeblich unnütze Fakten eine gewisse geistige Beschäftigung und damit automatisch ein ruhigeres und weniger aggressives Gemüt: »Vielmehr werden geistig kultivierte Menschen an anderen Dingen interessiert sein als an der Misshandlung ihrer Nächsten und ihre Selbstachtung aus anderen Quellen beziehen als aus gewaltsamer Bestätigung ihrer Herrschsucht.« Ausnahmen bestätigen auch hier die Regel.

Ein weiterer Vorzug des unnützen Wissens bestand für den Philosophen darin, dass es zum Nachdenken anregt und eine kontemplative geistige Einstellung fördert: »Wenn es zur Gewohnheit wird, mehr Freude an der Ideenwelt als an der Aktion zu finden, so schützt uns das vor Unklugheit und übertriebener

Machtgier; zugleich ist es ein Mittel, sich im Unglück Gelassenheit und in Zeiten der Plage Seelenfrieden zu bewahren.«

Der größte Vorteil lag für Russell aber darin, dass das Lesen, Sammeln und Hören von unnützem Wissen die Wertschätzung, Aufmerksamkeit und Achtsamkeit für alltägliche Dinge erhöht. Sogar den Genuss von Steinobst: Russell berichtet, dass ihm Aprikosen und Pfirsiche ab einem gewissen Moment besser schmeckten. Und zwar als er erfuhr, dass sie zum ersten Mal zu Beginn der Han-Dynastie in China gezüchtet wurden; dass chinesische Geiseln, die der große König Kaniska gefangen hielt, sie nach Indien einführten, von wo aus sie sich nach Persien ausbreiteten und das Römische Reich im ersten Jahrhundert unserer Zeitrechnung erreichten; und dass das Wort »Aprikose« vom gleichen lateinischen Stamm abgeleitet ist wie das Wort *praecox* (frühreif), weil die Aprikose früh reif wird. Nun schmeckte ihm die Frucht gleich noch mal viel besser. »Durch das Wissen um merkwürdige Dinge wird alles Uninteressante reizvoller«, schrieb Russell, »und alles Erfreuliche noch erfreulicher.« Kurzum: Unnützes Wissen macht glücklich.

Bitterböse Löserbriefe

Ich will allerdings gleichzeitig nicht verschweigen, dass die Liebhaberei gewisser Fakten eine durchaus emotionale und bisweilen unangenehme Seite zum Vorschein bringt. Es gibt Menschen, die beim Rätseln und Raten einmaliges Glück erleben. Aber es gibt eben auch solche, die vor Wut geradezu schäumen und den Urheber am liebsten vor Gericht sähen. In manchmal lustigen und auch mal bitterbösen Löserbriefen (so nenne ich die Briefe, die ich von Löserinnen und Lösern meiner Rätsel erhalte) zeigt sich die menschliche Freude am Klugscheißen. Und was für Bertrand Russell die Aprikose war, das ist für viele Rätsellöserinnen und -löser Kemal Atatürk.

Zum Hintergrund: In Kreuzworträtseln frage ich gerne nach dem Beinahmen Atatürks, die Antwort lautet »Kemal«. Mit schöner Regelmäßigkeit erreichen meine Mitarbeiterinnen und mich daraufhin Reaktionen unterschiedlicher emotionaler Couleur. Ich sage mal so: Manche meinen es gut mit uns und formulieren gemäßigt, andere sind gefühlsmäßig ziemlich stark involviert. Gemein haben sie alle eines: Sie wollen uns belehren.

»Es verhält sich doch genau umgekehrt«, schrieb ein Leser vor einigen Jahren, Atatürk sei als »Mustapha Kemal« geboren worden: »Also ist ›Atatürk‹ der Beiname!« Ein anderer schrieb: »Ich hoffe, dass der Fehler künftig nicht mehr auftritt.« Ein dritter: »Anscheinend interessiert Sie das nicht — aber das ist Ihr Problem!!«. Ein vierter fragte: »Warum bringen Sie denn diesen Unsinn immer noch?«

Zunächst mal sei gesagt: Meine Kreuzwort- und Schwedenrätsel werden halbautomatisch mit dem Computer erstellt. Dieser bedient sich dabei aus einer Datenbank mit knapp 50 000 Wörtern, nach denen mit etwa 120 000 Fragen gefragt wird. Diesen Wortschatz pflegen wir ständig, trotzdem finden sich immer wieder kleine Ungenauigkeiten und Fehler. Das ist im Falle des türkischen Staatsmannes aber nicht der Fall.

Zur Erklärung: In der Türkei wurden Familiennamen erst ab dem Jahr 1934 gesetzlich vorgeschrieben — und zwar durch Atatürk höchstpersönlich. Vorher, im Osmanischen Reich, galt bei der Vorstellung von Männern folgende Formel: Stammesname plus (Vor-)Name des Vaters gefolgt vom eigenen — dazwischen jeweils die Bezeichnung »Sohn von«, auf Türkisch *oğlu*. Zum Beispiel: Sarıpaçalı-nın oğlu Ahmet-in oğlu Hasan (Hasan, Sohn von Ahmet, Sohn der Sarıpaçalı). Ein ähnlicher Aufbau ist auch in arabischen Namen mit dem Zusatz *ibn* (»Sohn von«) zu finden. War kein besonders bekannter Stammesname vorhanden, kam es auf den Beruf des Vaters an. Diese Form der Erkennung wird auch heute noch gerne in Gegenden und Ortschaften verwendet: Marangoz Ali-nin oğlu Ibrahim (Ibrahim, Sohn des Schreiners Ali).

Und das führt uns zurück zu Atatürk. Er hieß bis zu seiner eigenen Gesetzgebung offiziell weder Kemal noch Atatürk, sondern wurde vermutlich nach seinem Vater Ali genannt (Ali-oğlu Mustafa). Den Beinamen Kemal (arabisch: vollkommen) gab ihm nach eigener Aussage sein Mathematiklehrer auf der militärischen Mittelschule in Saloniki, weil er von seinen Fähigkeiten beeindruckt war. Kurz gesagt: Kemal ist tatsächlich ein Beiname Atatürks.

Ähnlich emotional sind die Löserbriefe nur noch bei einem anderen Thema. Manchmal frage ich in meinen Schwedenrätseln nach einem Tierfutter mit fünf Buchstaben. Gesucht ist »Stroh«. Doch damit wollen sich viele nicht zufriedengeben, woraufhin ich häufig wütende Post erhalte, dass es sich dabei mitnichten um Tierfutter, sondern um eine Tierunterlage handelt. Um das hier offiziell klarzustellen: Tatsächlich wird Stroh mitunter als Futter verwendet – dann zum Beispiel, wenn Schweine hochschwanger (»niedertragend«) sind, weil sie sich aufgrund ihres Umfangs kaum noch bewegen können.

Dennoch freue ich mich als Rätselmacher über jeden Hinweis. Tun Sie mir nur bitte den Gefallen, Ihr Anschreiben nicht mit einem bedauernden »Schade« zu beenden, auch wenn wir vielleicht einen Fehler gemacht haben sollten. Sollte Ihnen also künftig mal wieder etwas auffallen, melden Sie sich unbedingt. Nur so können meine Rätsel besser werden – und wir alle im Zweifel ein bisschen klüger.

Vielleicht macht gerade das unnütze Wissen aus Kreuzworträtseln und Quizsendungen den Menschen erst human. In jedem Fall zeigt es ihm seine Grenzen auf und lehrt Demut. Für ein Geschöpf, das so klein sei wie der Mensch, sagte der englische Schriftsteller Samuel Johnson, sei nichts zu klein: »Nur durch das Studium der kleinen Dinge erlernen wir die hohe Kunst, in möglichst kleinem Elend und möglichst großem Glück zu leben.«

Bevor wir uns dem nächsten Aspekt widmen, schulde ich Ihnen aber noch die Auflösung der *Wer wird Millionär?*-Fragen:

1. Edmund Hillary stand mit Tenzing Norgay auf dem Mount Everest.

2. Max Frisch baute ein Freibad.

3. Linus Pauling bekam 1954 den Chemie- und 1962 den Friedensnobelpreis.

4. Sauerstoff ist das Element mit dem größten Massenanteil im menschlichen Körper.

5. Das Ägäisches Meer ist nach König Aigeus benannt.

6. Der Schwarze Einser war die erste deutsche Briefmarke.

7. »20 nach 4« bezieht sich auf die Stellung von Messer und Gabel und signalisiert: Ich bin fertig.

8. Die Entfernung von Berlin zum Erdmittelpunkt ist ungefähr so groß wie zwischen Berlin und New York.

9. Ein Zauberwürfel besteht aus 26 Steinchen.

10. *Hans im Glück* beginnt nicht mit »Es war einmal ...«.

11. Die klassische Europalette besteht aus elf Brettern.

12. Maurice und Robin Gibb waren Zwillinge.

Ganz entspannt Wissen vermitteln: Das können solche Quizformate und Rätsel ganz besonders gut, egal ob als Brettspiel, App oder Fernsehsendung. Darüber hinaus ermöglichen sie ganz besondere Glücksmomente. Dann nämlich, wenn wir plötzlich die Lösung wissen, wenn wir nach einigen Fehlversuchen doch noch erkennen, was noch fehlt, oder wenn wir beim Puzzeln schlussendlich das fehlende Teilchen ergänzen. Aber wie kommt es zu dieser Einsicht? Was genau passiert währenddessen in unserem Gehirn? Können wir die Wahrscheinlichkeit eines solchen Aha-Moments irgendwie erhöhen? Und wenn ja, wie? Diesen Fragen widmen wir uns im folgenden Kapitel.

Zusammenfassung

Kreuzworträtsel, Quizsendungen und Ratespiele beweisen: Scheinbar unnützes Wissen ist in Wahrheit sehr nützlich. Es erleichtert den Einstieg in Gespräche, verhilft Wissenschaftlerinnen und Wissenschaftlern zu neuen Einsichten und Geistesblitzen, führt mitunter zu Reichtum und Berühmtheit und macht glücklich und demütig, indem es uns die kleinen Dinge des Alltags mehr wertschätzen lässt.

Heureka!

*Wie beim Rätseln der besondere
Glücksmoment entsteht*

Schauen Sie doch bitte mal auf diese neun Punkte:

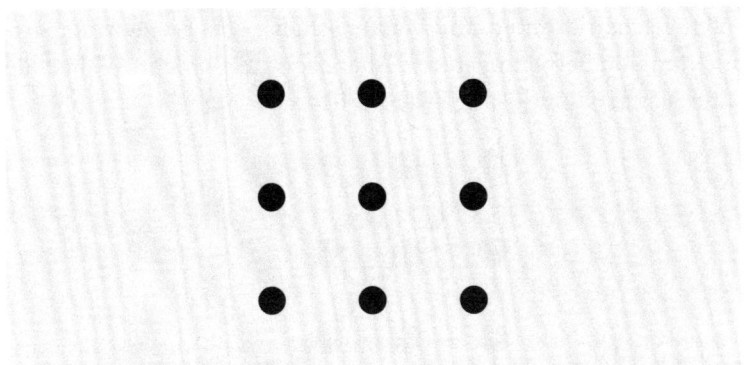

Und hier die Aufgabe: Versuchen Sie, alle neun Punkte miteinander zu verbinden – aber mit höchstens vier geraden Linien, ohne den Stift auch nur einmal abzusetzen. Kommen Sie drauf?

Die Auflösung finden Sie auf der nächsten Seite.

Das Rätsel hört auf den Namen *nine dot problem* (»Neun-Punkte-Problem«). Erstmals erwähnt wurde es in der *Cyclopedia of Puzzles*, die der Sohn des amerikanischen Spieleerfinders Samuel Loyd drei Jahre nach dessen Tod im Jahre 1914 herausbrachte. Obwohl mehr als 100 Jahre alt, finde ich das knapp 400-seitige Werk auch heute noch sehr lesenswert. Es enthält mehr als 5 000 verschiedene Knobelaufgaben, etwa 1 000 davon mit fantasievollen Illustrationen. Alleine die Lösungen nehmen fast 50 Seiten ein. Ich habe mir vor ein paar Jahren mal einen Nachdruck des Buchs in einem Antiquariat bestellt und schaue heute immer mal wieder gerne hinein. Wer es jemals auf einem Trödelmarkt findet, dem rate ich: zugreifen!

Für Samuel Loyd war das Buch eine Art Krönung seines Lebenswerks, mehr Rätsel hatte bis dahin noch niemand zwischen zwei Buchdeckel gepresst. Damals hätte der legendäre Knobelkönig nicht ahnen können, dass die neun simplen Pünktchen in den darauffolgenden Jahrzehnten ganze Generationen von Psychologen beschäftigen würden. Tatsächlich aber setzen Wissenschaftlerinnen und Wissenschaftler sie gerne in Experimenten und Befragungen ein. Aber dazu gleich mehr. Wollen Sie eine mögliche Auflösung sehen? Bitteschön:

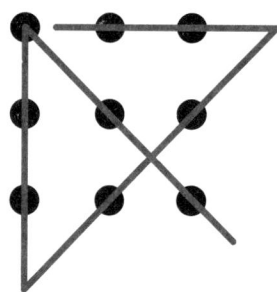

Weitere Lösungen:

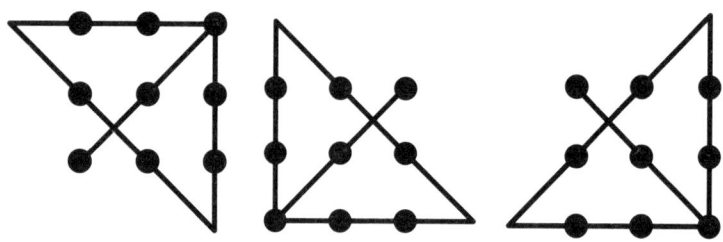

Die fortwährende Beliebtheit des Neun-Punkte-Problems ist für Rätselexperten eigentlich kaum zu glauben. Üblicherweise ergibt sich der Kick beim Knobeln dadurch, dass es am Ende eben genau eine richtige Antwort gibt. Beim Neun-Punkte-Problem gibt es hingegen mehrere Lösungen. Aber nicht deshalb starren die meisten Menschen zunächst ziemlich ahnungslos auf das Quadrat, um am Ende entweder aufzustöhnen, wenn man ihnen die Lösung verrät, oder aufzujauchzen, wenn sie selber drauf gekommen sind.

Der Grund, warum sich viele damit schwertun, ist gewissermaßen übertriebene Regelkonformität. Die meisten Menschen gehen nämlich automatisch davon aus, dass die erforderlichen Linien unbedingt *innerhalb* der Grenzen des Quadrats bleiben müssen. Weit gefehlt! In Wahrheit nämlich lässt sich die Aufgabe nur lösen, wenn man im wahrsten Sinne des Wortes außerhalb der Grenzen denkt und die eigene gedankliche Komfortzone verlässt. Ähnlich ist es auch beim »Vier-Karten-Problem«, das der britische Psychologe Peter Wason in den Sechzigerjahren erdachte.

Schauen Sie mal auf diese vier Karten:

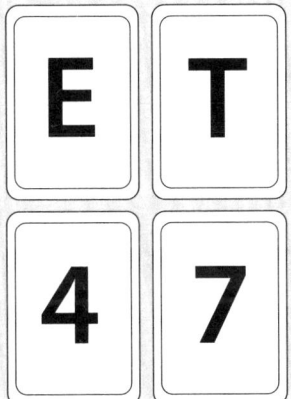

Die Aufgabenstellung ist folgende: Auf der einen Seite jeder Karte steht eine Zahl, auf der anderen ein Buchstabe. Es gilt folgende Regel: Wenn auf der einen Seite einer Karte ein Vokal steht, befindet sich auf der anderen Seite eine gerade Zahl. Die Frage ist: Welche Karten muss man umdrehen, um die Einhaltung der Regel zu überprüfen? Was denken Sie?

Die Auflösung finden Sie auf der nächsten Seite.

Interessanterweise kamen damals nur etwa 10 Prozent von Wasons Studierenden auf die richtige Lösung.[78] Sie lautet: »E« und »7« müssen umgedreht werden. Zur Erklärung: Dass die »E«-Karte umgedreht werden muss, ist relativ offensichtlich. Denn wenn auf der anderen Seite eine ungerade Zahl steht, ist die Regel verletzt. Die »4« zu wenden, ist wiederum sinnlos – weil die Regel nur besagt, dass auf der Karte mit einem Vokal eine gerade Zahl steht. Das heißt aber nicht, dass auf einer Karte mit einer geraden Zahl auch ein Vokal stehen muss. Klingt erstmal verwirrend, ist aber eigentlich ganz einfach. Nehmen wir ein Beispiel aus dem wahren Leben: Alle Frösche sind grün. Das heißt aber nicht, dass alles, was grün ist, auch ein Frosch ist.

Viele der Studierenden haben tatsächlich die »4« umgedreht, weil es etwas sehr Menschliches ist, bei Regeln grundsätzlich auch den Umkehrschluss anzunehmen. Das würde bedeuten, dass auf der Rückseite einer geraden Zahl auch ein Vokal stehen müsste. Das besagt die Ursprungsregel dieses Rätsels aber nicht. Auch die Karte »T« umzudrehen, hilft nicht, um die Regel zu bestätigen, und ist somit auch nicht Teil der Lösung. Die Karte mit der »7« muss allerdings umgedreht werden, um auszuschließen, dass auf der Rückseite ein Vokal steht. Dadurch wäre die Regel nämlich gebrochen.

Ob Sie die Lösungen selbst herausgefunden haben oder ich es Ihnen verraten musste: Die Chancen stehen gut, dass Sie nun einen echten Aha-Moment haben – und dieses ganz besondere Erweckungserlebnis kennt und fasziniert die Menschheit schon seit einer wirklich langen Zeit.

Geistesblitz in der Badewanne

Der bekannteste, meist zitierte und gleichzeitig älteste Aha-Moment der Geschichte geht zurück auf den griechischen Mathematiker Archimedes. Im 2. Jahrhundert vor Christus rief ihn König Hieron II. zu sich. Der Machthaber hatte ein Problem. Er hatte sich bei einem Goldschmied eine neue Krone gegönnt. Aber weil einflussreiche und wohlhabende Menschen nun mal oft misstrauisch sind, zweifelte Hieron II. daran, dass die Krone tatsächlich aus reinem Gold war. Archimedes sollte seine Zweifel beseitigen oder bestätigen – allerdings ohne die Krone zu beschädigen, versteht sich.

Tagelang grübelte der Gutachter über der Aufgabe, so richtige Fortschritte machte er allerdings nicht. Natürlich, wiegen ließ sich die Krone mühelos. Allerdings sagt das Gewicht alleine noch nichts über die Dichte eines Gegenstands aus. Dafür musste Archimedes das Volumen der Krone bestimmen. Bloß: Wie? So eine Krone ist nun mal ungleichmäßig geformt. Und bis dahin hatte noch niemand eine mathematische Methode gefunden, um das Volumen solcher Formen zuverlässig zu berechnen.

Der Legende nach entschied sich Archimedes dazu, erstmal ein Bad zu nehmen. Also füllte er eine Wanne mit Wasser. Und dann passierte etwas, das sicherlich jedem von uns schon mal passiert ist: Als er sich hineinlegte, schwappte das Wasser über den Rand. Doch anstatt erstmal Handtücher zu holen und den Boden trocken zu wischen, rief der Grieche in diesem Moment: »Heureka!« Dann soll er vor Freude angeblich nackt durch die Straßen gelaufen sein.

Der Grund für seine, nun ja, blanke Euphorie: Er hatte das Archimedische Prinzip entdeckt. Demnach gilt: Wird ein unregelmäßig geformter Gegenstand ins Wasser getaucht, verdrängt er an Flüssigkeit exakt sein eigenes Volumen. Das Volumen des verdrängten Wassers konnte Archimedes leicht berechnen, dafür musste er es nur in einen Messbehälter geben. So kam er zunächst auf das Volumen der Krone, konnte danach ihre Dichte berechnen und letztendlich mit der von reinem Gold vergleichen. Dadurch entdeckte Archimedes, dass das vermeintlich prachtvolle Schmuckstück nicht aus reinem Gold gefertigt war. Das Schicksal des ertappten Schmieds ist nicht überliefert, man kann sich aber denken, dass die Angelegenheit nicht gerade glimpflich für ihn ausging – so ein misstrauischer Herrscher lässt sich ungern betrügen.

Eine nicht minder berühmte, aber besser dokumentierte Erleuchtungsanekdote stammt aus der Bibel. In der Apostelgeschichte wird Saulus eines Tages von einem Licht geblendet, daraufhin verliert er seine Sehkraft. Seine Freunde bringen ihn nach Damaskus, wo sich plötzlich alles zum Guten wendet. »Sogleich fiel es von seinen Augen wie Schuppen und er wurde wieder sehend«, heißt es in der Apostelgeschichte, »und er stand auf und ließ sich taufen.«

Auch der deutsche Floskelschatz ist reich an entsprechenden Beschreibungen für solche unerwarteten Glücksfälle. Mal hat es »klick« gemacht oder uns geht ein Licht auf, mal fällt der Groschen, verschwindet das Brett vor unserem Kopf oder trifft es uns wie ein Blitz aus heiterem Himmel.

Doch egal ob es sich um ein komplexes intellektuelles Problem, eine religiöse Erfahrung oder ein spirituelles Erweckungserlebnis handelt: Jeden Aha-Moment kennzeichnet eine besondere Mischung aus plötzlicher Eingebung und einem befreienden Gefühl der Erkenntnis. Das spiegelt sich im Ursprung des Wortes »Inspiration«. Abgeleitet ist es vom lateinischen inspiratio, was so viel heißt wie »Einhauchung«. Und das Schöne ist: Wir müssen weder über Expertenwissen in einem komplizierten Themenfeld verfügen – so wie Archimedes – noch darauf hoffen, plötzlicher Protagonist eines medizinischen Wunders – wie Saulus – zu werden.

Tatsächlich ermöglichen auch Rätsel ganz besondere Glücksmomente. Dann nämlich, wenn wir wie beim Neun-Punkte-Problem plötzlich die Lösung erkennen, wenn wir bei Wordle nach fünf Fehlversuchen doch noch auf die Lösung kommen, oder wenn wir beim Puzzeln schlussendlich das letzte Teilchen ergänzen, obwohl wir uns zwischenzeitlich sicher waren, dass *mindestens* ein Teil fehlen müsste.

Wie kommt es zu dieser Einsicht? Was genau passiert währenddessen in unserem Gehirn? Können wir die Wahrscheinlichkeit eines solchen Aha-Moments irgendwie erhöhen? Und wenn ja, wie? Über all diesen Fragen grübeln Wissenschaftlerinnen und

Wissenschaftler bereits seit Jahrzehnten. Weil die Antworten nicht nur viel darüber verraten, wie solche Heureka-Erlebnisse entstehen, sondern weil sie gleichzeitig unser Verständnis von Intelligenz, Problemlösefähigkeit und Kreativität verbessern.

Die Geschichte der Einsichtsforschung

Seitdem sie den menschlichen Geist erforschen, haben sich Psychologinnen und Psychologen Hunderte von Experimenten ausgedacht. Aber nur wenige davon haben den Sprung vom akademischen Hörsaal in die populärwissenschaftlichen Rätselbücher geschafft. Eine dieser Ausnahme ist das sogenannte Kerzenproblem von Karl Duncker.

Der deutsche Psychologe reichte seinen Testpersonen in den Dreißigerjahren des vergangenen Jahrhunderts drei kleine Pappkistchen, etwa so wie groß wie Streichholzschachteln.[79] Die eine enthielt Reißzwecken, die zweite Streichhölzer, die dritte kleine Kerzen. Jetzt sollten die Testpersonen versuchen, die Kerzen an einer Korkplatte an der Wand zu befestigen und anzuzünden – allerdings ohne Wachs auf den Boden tropfen zu lassen.

Duncker überlegte sich für den Versuch zwei Varianten: Bei der einen Version waren die Schachteln tatsächlich mit Reißzwecken, Kerzen und Streichhölzern gefüllt. Bei der anderen waren sie leer, stattdessen lagen die entsprechenden Gegenstände auf einem Tisch. Und siehe da: Die Aufgabe mit den leeren Schachteln konnten alle Versuchspersonen lösen. Waren sie jedoch mit den Gegenständen gefüllt, kam nur die Hälfte auf die Lösung.

Wie dieser Unterschied zustande kommt? Also. Um die Aufgabe zu meistern, ist vor allem eines notwendig: Man muss die Schachteln von ihrer ursprünglichen Funktion als Behälter lösen und sie als »Ständer« umdeuten, mit einer Reißzwecke an der Korkplatte an der Wand befestigen und in diesen Ständer die Kerze stellen. Und das fällt Freiwilligen jedes Mal leichter, wenn die Schachteln bereits leer sind, als wenn sie tatsächlich als Behälter dienen.

Lektion Nummer eins: Ob wir ein Problem lösen können oder nicht, hängt buchstäblich davon ab, wie wir es »sehen«. Wer wirklich kreativ sein will, muss Gegenständen Funktionen zuweisen, die ihre Erfinder ursprünglich nicht im Sinn hatten. Oder, wie Psychologen es ausdrücken: Die Testperson muss sich von der »funktionalen Fixiertheit« distanzieren.

Ein weiterer Klassiker der frühen Einsichtsforschung ist das sogenannte »Zwei-Seile-Problem«. Dafür befestigte der US-Psychologe Norman Maier im Jahr 1931 zwei Seile an einer Decke.[80] Dann platzierte er im Raum diverse Alltagsgegenstände, darunter einen Stuhl und eine Zange. Die Freiwilligen sollten nun die Enden beider Seile miteinander verknoten. Der Clou war allerdings: Maier hatte die Seile so weit voneinander entfernt aufgehängt, dass niemand beide Enden gleichzeitig ergreifen konnte.

Dementsprechend verdutzt schauten die Testpersonen drein. Weniger als die Hälfte kam von alleine auf die Lösung. Wenn die Probandinnen und Probanden ergebnislos vor sich hin grübelten, gab ihnen Maier Hilfestellung – indem er wie aus Versehen eines der Seile berührte und es damit in Bewegung setzte. Das half den meisten Menschen auf die gedanklichen Sprünge und näher zur Entzifferung des ihnen gestellten Rätsels: Man nehme die Zange, befestige sie am Ende eines Seils und bringe es wie den Zeiger eines Metronoms zum Schwingen. Nun halte man das andere Seil fest und binde es mit dem hochschwingenden Seil zusammen. Aha!

Das eigentlich Faszinierende des Ursprungsexperiments kommt aber jetzt. Hinterher konnten sich Maiers Testpersonen gar nicht mehr bewusst daran erinnern, einen Hinweis erhalten zu haben. Irgendetwas musste sich also in ihrem Unterbewusstsein abgespielt haben, während sie zunehmend verzweifelt auf die Seile starrten. Aber was?

Lektion Nummer zwei: Neun-Punkte-Problem, Kerzenproblem, Zwei-Seile-Problem: Kognitionspsychologen bezeichnen diese Art von Kopfnüssen inzwischen als »Einsichtsprobleme« –

und die stehen für die Forscherinnen und Forscher im direkten Gegensatz zu analytischen Problemen. Letztere entziffern wir willentlich, systematisch und bewusst. Wir schreiten Schritt für Schritt voran und können hinterher genau erklären, wie wir die Lösung gefunden haben. Anders ist es bei Einsichtsproblemen. Hier taucht plötzlich und unerwartet eine offensichtliche Antwort auf, häufig begleitet von einem Aha-Erlebnis, aber eben gepaart mit dem Unvermögen, den genauen Lösungsweg im Nachhinein darzulegen.

Machen wir es an einem Beispiel fest. Schauen Sie mal auf die Buchstabenfolge »C-H-W-I-A-N-E-E-N-H-T«. Wenn Ihnen nun plötzlich auffällt, dass man daraus das Wort »Weihnachten« bilden kann, dann wäre das eine Einsicht. Wenn Sie systematisch sämtliche Buchstaben durchkombinieren, wäre das eine Analyse. Alles klar? Fein.

So viel also zum Beginn der Heureka-Forschung. Halten wir noch mal fest: Ob wir ein Problem lösen können, hängt erstens von unserer Sichtweise ab. Um wirklich kreativ zu sein, müssen wir mitunter *out of the box* denken und neue Wege beschreiten. Und zweitens kommt es mitunter vor, dass wir ein Problem nicht bewusst und analytisch, sondern unbewusst und per plötzlicher Einsicht lösen.

Dass diese zwei Arten der Lösungsfindung heute getrennt voneinander betrachtet werden, haben wir vor allem zwei Männern zu verdanken, die sich Ende des Jahres 2000 an der Universität von Pennsylvania kennenlernten.

Die Pioniere der Heureka-Erforschung

Bis zu diesem Zeitpunkt deutete nichts darauf hin, dass Mark Beeman und John Kounios unser Verständnis von Aha-Momenten entscheidend prägen, geschweige denn, dass sie mal eng zusammenarbeiten, Dutzende wissenschaftlicher Aufsätze und sogar ein gemeinsames Buch verfassen würden.

Ursprünglich hatten sich die beiden in den Jahren zuvor mit anderen Themen beschäftigt. Beeman hatte daran geforscht, ob und inwieweit die rechte Gehirnhälfte nicht nur für die räumliche Vorstellungskraft, sondern auch für das Verständnis von Sprache entscheidend sein könnte. Dann besuchte er im Jahr 1994 eine Vorlesung des US-Psychologieprofessors Jonathan Schooler. Der hatte einige Jahre zuvor zeigen können: Laut und bewusst über ein Problem nachzudenken, verringert die Wahrscheinlichkeit, es mit einem Geistesblitz der Einsicht zu lösen.[81] Die Fähigkeit, es analytisch zu durchschauen, wird von dieser Bewusstmachung hingegen nicht beeinträchtigt. Mit anderen Worten: Einsichtsvolle Gedanken sind äußerst fragil und flüchtig. Die Vorlesung von Schooler brachte Beeman schließlich auf eine Idee: Wäre es möglich, dass die Fähigkeit der rechten Gehirnhälfte, Sprache zu verstehen, auch für Aha-Erlebnisse sorgt?

John Kounios wiederum widmete sich in den Neunzigerjahren den neuronalen Grundlagen des semantischen Gedächtnisses. Also: wie wir Wissen erwerben, anwenden oder verlieren. Eines Tages liefen sich die beiden an der Hochschule über den Weg – und beschlossen, zusammenzuarbeiten.

Angetrieben wurden sie von einer tiefen Überzeugung. Damals zweifelten viele Kognitionspsychologen noch daran, dass Einsicht und Analyse tatsächlich zwei verschiedene Fähigkeiten sind. Das Duo musste also beweisen, dass beide Phänomene tatsächlich existieren. Und dabei half ihnen ausgerechnet einer ihrer Doktoranden.[82]

Roderick Smith konzipierte für seine Dissertation ein Experiment, bei dem die Probandinnen und Probanden Anagramme auf einem Bildschirm sahen. Die eine Hälfte der Begriffe ließ sich in ein echtes Wort umformen (etwa: »P-E-L-A-P« zu »Apple«), die andere Hälfte nicht. Immer wenn sich ein Begriff bilden ließ, sollten sie Knopf A drücken. Falls nicht, Knopf B. Der Clou war allerdings: Manchmal hörten die Freiwilligen direkt nach dem Erscheinen eines der Anagramme ein lautes Pfeifen. Dann sollten sie sofort einen der Knöpfe drücken, ohne darüber nach-zudenken. Soll heißen: Sie mussten raten.

Mit dieser Versuchsanordnung wollte Roderick Smith kont-rollieren, ob diese unwesentlich schnelleren Antworten zuverläs-sig waren oder nicht. Und siehe da: Die Methode funktionierte. Wer auf dem Weg zur Lösung bereits systematisch Informationen sammelte, hatte bei der spontanen Frage nach einem schnellen Tipp zumindest schon mal eine ungefähre Vorstellung. Wer aller-dings über ein Einsichtsproblem nachdachte – also im Vorhinein nicht systematisch nach Hinweisen suchte –, war kurz vorher noch komplett ahnungslos. Es ging den Probandinnen und Pro-banden, die den Lösungsweg per Einsicht fanden, also genauso wie damals Archimedes in der Wanne: Die Lösung tauchte urplötzlich aus dem vermeintlichen Nichts auf. Oder bildlich gesprochen: Die Personen waren zunächst im intellektuellen Blindflug, nur um urplötzlich die Landebahn zu finden. Offenbar ist es tatsächlich möglich, Lösungen scheinbar unvermittelt und per Einsicht zu finden. Und inzwischen konnten Beeman und Kounios auch zeigen, was dabei im Gehirn vor sich geht.

Die Neurobiologie der Aha-Momente

Dazu muss man wissen, dass das Duo enorm vom technolo-gischen Fortschritt profitierte. Glücklicherweise können Wis-senschaftlerinnen und Wissenschaftler Menschen inzwischen ins Gehirn gucken, ohne ihnen gleich den Schädel aufschneiden zu müssen. Beeman und Kounios wendeten zwei verschiedene Techniken an.

Zum einen nutzten sie in ihren Versuchen das Elektroen-zephalogramm, kurz EEG. Dabei befestigen Forscher am Kopf der Testpersonen etwa zwei Dutzend Kabel. Diese sind mit einem Computer verbunden, der die Aktivität in der Großhirnrinde aufzeichnet.

Der Charme des Verfahrens: Es liefert detaillierte Informationen darüber, *wann* etwas im Gehirn passiert – allerdings weniger darüber, *wo* etwas vor sich geht. Dafür wiederum bauen Neurobiologen auf die funktionelle Magnetresonanztomografie (fMRT). Der Hintergrund: Werden bestimmte Nervenzellen aktiv, leiten die Gefäße des Gehirns dorthin mehr Blut. Dieser veränderte Blutfluss lässt sich im fMRT nachvollziehen. Es offenbart also, *wo* etwas passiert – aber weniger, *wann*. Wenn man beide Verfahren kombiniert, findet man ziemlich interessante Dinge heraus. So wie auch Mark Beeman und John Kounios.

Bis dato hatten sich die meisten Neurowissenschaftlerinnen und -wissenschaftler auf Fähigkeiten konzentriert, die bereits ausführlich erforscht worden waren. Darunter Wahrnehmung, Aufmerksamkeit oder Bewegung. An schwierigere Themen hatte sich kaum jemand gewagt, auch aufgrund methodischer Schwierigkeiten. Aber das schreckte das Duo nicht ab, sondern spornte es an. Sie sollten vor allem herausfinden: Was passiert beim logischen und was beim analytischen Denken – und wie könnte man das messen? Die handwerkliche Herausforderung jedoch blieb: Sie konnten niemanden 24 Stunden am Tag in eine Röhre legen oder Elektroden auf den Kopf setzen, um auf einen magischen Moment der Erleuchtung zu warten. Um seriöse Ergebnisse zu finden, brauchten sie außerdem eine Menge von Daten. Und: Sie benötigten eine ganz spezielle, geeignete Aufgabe. Und die fanden sie in Form des *Remote Associates Tests*, kurz RAT.

Bei diesem Kreativitätstest sollen die Testpersonen einen vierten Begriff finden, der drei vorgegebene Wörter verbindet. Beispiel: Welches Wort passt sowohl zu »Fisch« als auch zu »Mine« und »Rausch«? Die Antwort lässt sich auf zwei verschiedene Arten finden. Option eins: Man geht alle Varianten durch und probiert aus.

Also: Was fällt Ihnen zu »Fisch« ein? Mal überlegen ... wie wäre es mit »Silberfisch«? Ja, den gibt's. »Silbermine«? Gibt's auch. Aber Silberrausch? Hmm, eher weniger. Also noch mal nachdenken ... »Goldfisch«? Klingt gut. »Goldmine«? Ebenfalls. Und »Goldrausch«? Bingo! Genauso sieht analytisches Denken aus: Man kombiniert sich bewusst und systematisch durch alle Optionen, bis man die richtige gefunden hat.

Kann man machen, muss man aber nicht. Denn tatsächlich gibt es noch die zweite Option: Nehmen wir an, Sie probieren es zunächst analytisch, kommen aber einfach nicht auf die Lösung. Also beschäftigen Sie sich mit etwas anderem, beginnen zu tagträumen, kritzeln auf einem Blatt Papier herum, gehen eine Runde spazieren oder starren Löcher in die Luft, bis plötzlich ... TaTaTaTaaaaa: die Antwort da ist! Das nennt man dann Lösen durch Einsicht.

Im Jahr 2004 legten Beeman und Kounios den RAT einer Reihe von Freiwilligen vor.[83] Hinterher sollten sie angeben, ob sie die Lösung via analytischer Herangehensweise gefunden hatten oder ob ihnen die Lösung scheinbar plötzlich eingefallen war. Wenig überraschend: Die Antworten hielten sich die Waage, so wie vermutlich im echten Leben auch. Während die Testpersonen grübelten, maß das Forschertcam per EEG und fMRT ihre Gehirnaktivität. Und siehe da: Tatsächlich machten sie unterschiedliche Beobachtungen, je nach gewählter Variante.

Im Fall der Aha-Momente kam es in einem Bereich knapp über dem rechten Ohr zu einem wahren Feuerwerk von EEG-Aktivität – ein Phänomen, das Hirnforscher auch als »Gamma-Wellen« bezeichnen. Das fMRT bestätigte die Beobachtung: In einem Teil des rechten Schläfenlappens, auch *Gyrus temporalis superior* genannt, entdeckten sie genau im Moment der Einsicht einen verstärkten Blutfluss. Bei analytischer Vorgehensweise war das nicht der Fall.

Die Studie zeigt so etwas wie »die neuronale Handschrift des Aha-Erlebnisses«, schrieben Beeman und Kounios in einem Buch, in dem sie ihre wissenschaftliche Lebensleistung Revue passieren lassen.[84] Und: »Das ist, beinahe buchstäblich, der Funke der Einsicht.«

Das Brückenrätsel ist eine abgewandelte Form des *Remote Associates Tests*. Sie müssen Wörter finden, die die Begriffe in der linken Spalte einerseits sinnvoll ergänzen und andererseits den Begriffen der rechten Spalte ebenso sinnvoll vorangestellt werden können. Unter dem Pfeil in der Mitte ergibt sich am Ende ein Lösungswort (die Auflösung finden Sie auf Seite 162).

Links	▼	Rechts
MEISTER		TAUBE
ACHTER		STEIG
HIMMEL		MEISE
SAND		HUHN
EBEN		KRUG
MAUL		ARZT
GRAU		ERWERB
RUEBE		KARTE
LANG		KUPPE
WELT		FACH
LACK		MACHER
STAMM		SCHULE
HAUS		DEPONIE

Der Verdienst von Beeman und Kounios ist von unschätzbarem Wert. Durch ihre Studien wissen wir, dass plötzliche Einsicht tatsächlich existiert, und dass es offenbar so etwas gibt wie eine Neurobiologie der Aha-Momente. Bleibt gegen Ende dieses Kapitels bloß noch eine Frage: Lässt sich die Chance auf einen solchen Moment erhöhen – und wenn ja, wie?

Im Prinzip geht es bei solchen Kopfnüssen darum, sich in die Perspektive des Rätselmachers beziehungsweise der Rätselmacherin hineinzuversetzen. Und ich habe festgestellt: Dabei kann es hilfreich sein, wortwörtlich die eigene Position zu verändern. Ich setze mich zum Beispiel gerne auf den Fußboden irgendeines Zimmers oder auf die oberste Stufe einer Leiter. Diese Verschiebung der Perspektive überträgt sich nicht nur darauf, wie man auf die Inneneinrichtung blickt – sondern hilft ganz allgemein dabei, die Welt mit anderen Augen zu sehen. Jeder Mensch sieht die Welt zumindest ein bisschen anders als man selbst. Würden wir alle versuchen, nicht nur das eigene Bild als wahr anzusehen, und versuchen, uns viel öfter in die Lage anderer zu versetzen – die Welt wäre eine friedlichere.

Bevor wir nun zu drei wissenschaftlich erwiesenen Tipps kommen, wie Sie einen Moment der Erleuchtung leichter und häufiger herbeizaubern können, eine kleine Vorwarnung. Ich bin mir durchaus bewusst, dass sich diese Tipps beim ersten Lesen mindestens originell und schlimmstenfalls esoterisch anhören. Aber lassen Sie es einfach mal auf sich wirken. Wenn Sie in Ruhe darüber nachdenken, wird schon alles Sinn ergeben. Und das führt uns direkt zum ersten Tipp: Schließen Sie öfter mal die Augen!

Aha-Training

Das sage nicht nur ich, sondern erst recht Carola Salvi von der Milano-Bicocca Universität.[85] Die Psychologin nutzte für ihre Studie im Jahr 2015 ebenfalls den RAT. Anders als Beeman und Kounios maß sie währenddessen aber nicht die Hirnaktivität der Teilnehmerinnen und Teilnehmer, sondern beobachtete deren Augenbewegungen. Und dabei bemerkte sie: Wenn sie die Aufgaben via Einsicht lösten, blinzelten die Testpersonen häufiger und länger. Außerdem bewegten sie ihre Pupillen dann weniger und langsamer als bei analytischer Herangehensweise.

Beinahe so, als würden sie sich, metaphorisch ausgedrückt, in eine Art innere Einkehr zurückziehen.

Das soll nun aber nicht heißen, dass Sie sich am besten leise, andächtig und mit geschlossenen Augen ins stille Kämmerlein flüchten. Nein, auch der Spaß darf nicht zu kurz kommen. Tatsächlich kann gute Laune die Einsicht nämlich fördern. In den entsprechenden Studien von Beeman und Kounios sollte sich die eine Hälfte der Freiwilligen beispielsweise an glückliche oder traurige Erlebnisse erinnern.[86] Damit wurden die Menschen entweder in gute oder schlechte Stimmung versetzt. Nun sollten sie beispielsweise ein Bild bewerten. Und dabei zeigt sich: Die Gutgelaunten orientieren sich eher am Gesamtmuster, die Schlechtgelaunten fokussieren sich auf die Einzelteile. »Offenbar ist ein glücklicher Geist frei, im Wald umherzustreifen«, schreiben Beeman und Kounios, »während sich ein ängstlicher lieber auf einem Baum versteckt.« Eine mögliche Erklärung: Furcht schränkt die Aufmerksamkeit ein, weil wir uns in solchen Situationen darauf konzentrieren, was vor uns liegt. Wir blicken der Bedrohung ins Auge und blenden alles andere aus.

Aus evolutionärer Sicht ergibt das sogar Sinn. Unsere Vorfahren wollten sich nicht von unwichtigen Reizen ablenken lassen, wenn sie vor sich einen Löwen entdeckten. Im Gegensatz dazu scheint gute Laune die Aufmerksamkeit zu erweitern. Bildlich gesprochen: Dann sind wir empfänglicher für subtile Signale – und genau die führen nicht selten zu plötzlicher Einsicht. Vorteilhafter für rätselhafte Situationen ist eine positive Geisteshaltung allemal.

Bevor wir zum Ende dieses Kapitels kommen, noch mal kurz zu Archimedes und seiner Inspirationsquelle. Es scheint fast so, als sei so ein warmes Bad nicht nur wohltuend für die Muskeln, sondern auch für die grauen Zellen. »Bis heute habe ich meine besten Ideen in der Badewanne«, schrieb der einstige US-Notenbankchef Alan Greenspan in seinem Buch *The Age of Turbulence*. Seine Assistenten hätten sich schnell daran gewöhnt, Texte aufzubereiten, die er in der Wanne auf feuchte, gelbe Notizblöcke gekritzelt hatte. Greenspan: »In meiner Badewanne fühle ich mich wie Archimedes, der über die Welt nachdenkt.«

Ganz so dramatisch würde ich es nicht formulieren, aber nachvollziehen kann ich es: Ich komme in meiner Wanne ebenfalls auf die nettesten Gedanken. Dann liege ich oft mehr als eine Stunde einfach nur da, schließe die Augen, lächele vor mich hin und denke an etwas Schönes. Manchmal habe ich den Eindruck, mein IQ wäre in diesen Situationen um mindestens zehn Prozent höher. Eigentlich höchste Zeit, das mal zu überprüfen ...

Sinnvolle Ablenkung

In gewisser Weise befinde ich mich mit dieser Beobachtung in guter Gesellschaft. Egal ob Isaac Newton oder Albert Einstein – viele Kreative berichteten später davon, wie sie einst stundenlang über einem Problem grübelten. Aber erst als sie sich mit etwas anderem ablenkten und vermeintlich Zeit verschwendeten, kam ihnen die Lösung für das ursprüngliche Problem in den Sinn. Zufall? Denkste.

Davon ist zumindest Benjamin Baird überzeugt. Vor einigen Jahren ließ der Psychologe an der Universität von Kalifornien in Santa Barbara 145 Freiwillige im Alter von 19 bis 32 einen Kreativitätstest absolvieren.[87] Dabei zeigte er den Teilnehmerinnen und Teilnehmern ein Wort, beispielsweise »Backstein«. Nun sollten sie so schnell wie möglich notieren, wo und wie man den Stein einigermaßen sinnvoll einsetzen könnte. Etwa: als Briefbeschwerer, Türstopper oder Wurfgeschoss. Je mehr ihnen einfiel, desto besser.

Nach zwei Minuten stoppte Baird die Übung und steckte die Probandinnen und Probanden via Zufallsprinzip in vier Gruppen: Die einen durften zwölf Minuten einfach nichts tun, die anderen setzten sich ohne Pause an den nächsten Test. Die dritte Gruppe bekam eine andere Aufgabe gestellt, die ihre volle Aufmerksamkeit forderte.

Der vierten Gruppe legte Baird hingegen einen eher simplen Test vor: Auf einer Leinwand sahen sie Ziffern von eins bis neun, sie mussten nur entscheiden, ob die Zahl gerade oder ungerade war. Klingt nicht nur langweilig, sondern ist es auch. Aus früheren Studien ist bekannt, dass der Test bei den Teilnehmerinnen und Teilnehmern regelmäßig Tagträume auslöst. Er beschäftigt sie zwar eine Weile lang, ist aber zu simpel, um die geistigen Ressourcen voll auszuschöpfen.

Nach dem kurzen Intermezzo setzte Baird alle vier Gruppen wieder an die Ursprungsaufgabe. Die Hälfte aller Teilnehmerinnen und Teilnehmer bekam neue Begriffe vorgelegt, die andere Hälfte jene vom ersten Mal. Mit anderen Worten: Sie beschäftigten sich mit demselben Problem. Was nun folgte, dient als Plädoyer für gelegentliche Zerstreuung.

Jene Probandinnen und Probanden, die die Zwischenzeit mit einer simplen Aufgabe verbracht hatten, konnten ihre Leistung nämlich erheblich steigern – und zwar um 41 Prozent! Allerdings nur dann, wenn sie denselben Begriff vorgesetzt bekamen. Alle anderen Gruppen blieben konstant, egal ob bei alten oder neuen Begriffen. »Situationen, die uns ablenken und die Gedanken schweifen lassen, fördern die Kreativität«, resümiert Baird. Vermutlich deshalb, weil Tagträume verschiedene Gehirnregionen miteinander verknüpfen und uns auf neue Ideen für alte Probleme bringen.

Die Studie ist ein weiterer Beleg dafür, dass wir uns im Alltag gelegentlich mit vermeintlich unnützen Tätigkeiten ablenken sollten. Solange man es nicht übertreibt, kann das den Einfallsreichtum durchaus fördern und zum »Heureka« führen. Man muss ja nicht gleich nackt durch die Straßen rennen.

So mache ich es auch bei meinem Lieblingsrätsel. Jeden Tag löse ich im Büro ein Ketten-Sudoku, eine schwierigere Variante des normalen Sudoku. Wenn ich nicht weiterkomme, lege ich es erstmal beiseite und komme später darauf zurück. Wenn ich mich wieder dransetze, finde ich meistens ganz andere Lösungswege, auch weil ich bereits einen Teil des Sudokus geschafft habe. Das weitet den Blick und steigert die Laune – beides wichtige Voraussetzungen für Aha-Momente.

Psychologinnen und Psychologen bezeichnen diesen Vorgang als »Inkubation«: Der Moment, wenn aus einer anhaltenden Aktivität im Unterbewusstsein mit wenig Anstrengung plötzlich die Lösung auftaucht. Und dieser Vorgang lässt sich paradoxerweise beschleunigen, wenn wir das Problem einfach mal liegen lassen oder buchstäblich drüber schlafen. Mein Tipp: Egal wie wichtig es auch sein mag, arbeiten Sie an einer Aufgabe, bis Sie entweder am Ziel sind oder partout nicht mehr weiterkommen. Erst dann gönnen Sie sich eine Pause, von mir aus machen Sie auch gerne ein Nickerchen. Sie haben die Wissenschaft voll auf Ihrer Seite! Und zwar aus mehrerlei Hinsicht.

Ut Na Sio und Thomas Ormerod werteten für eine Übersichtsstudie vor einigen Jahren sämtliche Arbeiten aus, die sich mit dem Thema Inkubation auseinandergesetzt hatten.[88] Und tatsächlich: Eine Pause verschiebt die Perspektive. Machen wir bei der Lösung eine Unterbrechung, kann genau das die Erfolgswahrscheinlichkeit erhöhen.

Und zum Abschluss noch ein wenig anekdotische Evidenz. In ihrem Buch *Das Aha-Erlebnis* berichten John Kounios und Mark Beeman von einem Morgen im Jahr 1964. Ein gewisser Paul McCartney stand damals auf und hatte eine Melodie im Kopf – weil er sie in seinem Traum gehört hatte. Daraufhin ging er sofort zum Klavier neben seinem Bett, spielte sie und fügte später noch einen Text hinzu. Fertig war der Welthit *Yesterday*.

Lassen Sie mich an dieser Stelle aber ein wenig Erwartungsmanagement betreiben. Ja, ein Stimmungswechsel kann zu einer Einsicht führen, ebenso wie ein Nickerchen oder ein Spaziergang. Eine Garantie darauf gibt es jedoch nicht. Aber selbst, wenn Sie die Lösung vorher unlösbar erscheinender Rätsel doch nicht im Schlaf finden, so gilt umgekehrt: Rätsel können dafür sorgen, dass sie sorgenfrei und beruhigt in den Schlaf finden. Konzentrierte Tätigkeiten, die uns Freude bereiten und aber gleichzeitig in genau dem richtigen Maß fordern und nicht überfordern, sind die beste Entspannung fürs Hirn oder das perfekte Abendritual. Wenn wir uns ganz in etwas vertiefen und mit jeder Nervenzelle dabei, nur im Augenblick und vollkommen präsent sind, dann vergessen wir Vergangenheit und Zukunft und vor allem unsere Sorgen. Oder auf Neudeutsch: Wir erleben einen Flow. Aber wie genau läuft der ab? Und was genau haben Rätsel damit zu tun? Darum geht es im nächsten Kapitel.

Hier die Auflösung des Brückenrätsels von Seite 156:

MEISTER		B	R	I	E	F	TAUBE
ACHTER	B	A	H	N			STEIG
HIMMEL				B	L	A	U	MEISE
SAND		S	T	E	I	N	HUHN
EBEN		M	A	S	S		KRUG
MAUL			T	I	E	R	ARZT
GRAU	B	R	O	T			ERWERB
RUEBE				Z	A	H	L	KARTE
LANG		F	I	N	G	E	R	KUPPE
WELT			B	A	N	K		FACH
LACK		S	C	H	U	H		MACHER
STAMM	B	A	U	M			SCHULE
HAUS		M	U	E	L	L	DEPONIE

162

Zusammenfassung

Aha-Momente machen glücklich. Gleichzeitig kann man hinterher kaum erklären, wie man auf die Lösung gekommen ist. Psychologinnen und Psychologen zufolge handelt es sich bei diesen plötzlichen Geistesblitzen um eine Einsicht. Und inzwischen ist auch klar, was währenddessen in unserem Gehirn passiert: Knapp über dem rechten Ohr kommt es genau im Moment der Einsicht zu einem verstärkten Blutfluss. Dort befindet sich also die Hirnregion, die uns regelmäßig mit Geistesblitzen versorgt. Die Chance auf solche Momente lässt sich erhöhen – indem man die Augen schließt, gute Laune erzeugt oder sich mit etwas anderem ablenkt. Dieser Perspektiv- und Stimmungswechsel fördert die Kreativität.

Im Rätselflow

Warum wir mit Rätseln entspannen und besser einschlafen

Manche Rätsel beginnen unter Wasser. Wenn es draußen bereits dunkel ist und meine Mitarbeiterinnen und Mitarbeiter schon im Feierabend sind, sitze ich noch an meinem Schreibtisch und versetze mich gedanklich in die Welt unter dem Meer. Denke an Fische und Algen, stelle mir Anemonen und Seepferdchen vor, sehe Wasserblasen und ein altes Schiffswrack. Was mir am besten gefällt, zeichne ich in ein Sudoku-Raster.

Zuvor aber denke ich mir für alle Meereswesen bestimmte Regeln aus. Sie sollen den Löserinnen und Lösern hinterher Hinweise auf die Zahlen geben, die in die Kästchen sollen. Zum Beispiel könnten Anemonen immer nur gerade Zahlen verbinden. Muscheln wiederum sollten sich stets in der Mitte einer Gruppe von Kästchen befinden, die in der Summe 28 ergeben. Und die von einem Seepferdchen durchschwommenen Kästchen wiederum könnten nur auf- oder absteigende Ziffern enthalten.

Bevor das Werk allerdings druckreif ist, muss ich es erstmal selbst lösen. So merkwürdig es klingt, aber für einen Moment müssen sich Rätselmacherinnen und -macher von ihren Ideen distanzieren und so tun, als handelte es sich gar nicht um ihren Einfall. Nur dann können sie herausfinden, ob das, was sie sich ausgedacht haben, logisch zu erschließen ist und ob es nur diese eine Lösung gibt. Andernfalls müssen sie weitertüfteln: Hier noch ein paar Seepferdchen schlüpfen lassen, da einige Anemonen aus dem Wasser ziehen, dort noch eine Muschel einstreuen. Ähnlich – nur eben mit Fischen – bin ich bei der Entwicklung des folgenden Fische-Sudokus vorgegangen (die Auflösung finden Sie auf Seite 179):

Neben den Standard-Sudoku-Regeln gilt:

1. Die sechs langen Wasserpflanzen durchqueren jeweils zwei oder vier Kästchen.
2. Die Summe der zwei oder vier Ziffern in diesen sechs Kästchengruppen ist jeweils ungerade.
3. Die eingezeichneten Fische verbinden immer zwei waagerechte Kästchen.
4. Die Summe beider Kästchen beim gestreiften Fisch beträgt 4.
5. Die Summe beider Kästchen beim weißen Fisch beträgt 11.
6. Die Summe beider Kästchen beim gepunkteten Fisch beträgt 14.
7. Es sind alle möglichen waagerechten Fische eingezeichnet.

An dieser Stelle ist es entscheidend, dass ich das Biotop in meinem Gehirn mit all seinen Regeln ständig im Blick behalte. Ich muss also gedanklich ganz tief eintauchen, mich zielgerichtet bewegen, die Möglichkeiten hin- und herschieben, im Kopf mit den Optionen jonglieren, darf nichts übersehen. Und das kann ich am besten spätabends, wenn meine Familie schläft und es draußen so schön still ist. Dann gibt es nur uns beide, die Kästchen und mich. Alles um mich herum vergesse ich dann. Alle Sorgen und Probleme, alle Einträge auf der nie endenden To-do-Liste. So sieht er aus, mein persönlicher Entspannungszustand. Wenn es draußen bereits hell wird, sinke ich ebenso müde wie glücklich ins Bett und schlafe friedlich ein.

Im Prinzip weiß jedes Kind: Wer tagsüber Vollgas gibt, muss abends den Akku aufladen. Schlaf und Entspannung sind für Körper und Geist so wichtig wie Atmen, Essen und Trinken. Dennoch sind Schlaflosigkeit bei Nacht und Müdigkeit am Tag in Deutschland weit verbreitet. Laut einer Untersuchung des Robert-Koch-Instituts leidet hierzulande jeder vierte Erwachsene unter Schlafstörungen, 11 Prozent finden ihren Schlaf nicht erholsam.[89]

Schuld daran sind meist Stress, Druck und Hektik. Fast die Hälfte der Deutschen schläft deswegen schlecht, ergab vor einigen Jahren eine repräsentative Studie von Forsa.[90] Die Coronapandemie förderte die weltweite Schlaflosigkeit noch mal zusätzlich. Eine Umfrage unter mehr als 2 500 Menschen in 63 Ländern im Frühjahr 2020 ergab: Jeder Zweite schlief zumindest zu Beginn der Pandemie schlechter als vorher.[91]

Und das hat fatale Folgen: Schlafmangel führt zu mehr Fehlern, schlechteren Entscheidungen und weniger Selbstdisziplin. Nach Angaben des US-Verkehrsministeriums fordern Unfälle wegen Müdigkeit jedes Jahr 50 000 Verletzte und 800 Tote.[92] Schon eine schlaflose Nacht kann das Urteilsvermögen erheblich beeinflussen. In müdem Zustand neigen Menschen Studien zufolge dazu, auf möglichst große Gewinne zu spekulieren, während sie ausgeschlafen lieber Verluste minimieren. Mit anderen Worten: Mit unausgeschlafenem Kopf entscheiden wir impulsiver, emotionaler und riskanter.

Was tun Menschen daher nicht alles, um abends zur Ruhe zu kommen? Die einen stellen sich im Bett vor, ihre Gedanken in ein leeres Marmeladenglas zu packen und es zuzuschrauben – damit sie ihnen nicht die Ruhe rauben. Die anderen schreiben ihre Sorgen auf einen Zettel, um sie zu vergessen. Wieder andere zählen Schäfchen, trinken ein Glas Milch oder Rotwein, schlucken Schlaftabletten oder verbannen sämtliche Elektronik vom Nachttisch. Kann man alles machen. Allerdings gibt es eine mindestens ebenso effektive und definitiv gesündere Form der inneren Versenkung, die dabei hilft, Sorgen loszuwerden, Probleme zu vergessen, vom Grübeln Abstand zu nehmen, sprich: zu entspannen. Und zwar: die Beschäftigung mit Rätseln.

Und das nicht nur, weil es sich beim abendlichen Kreuzworträtsel oder Sudoku um ein Ritual handeln kann, das den Körper auf die Nachtruhe vorbereitet – weil das Gehirn die Handlung mit Schlaf assoziiert und man dadurch automatisch müde wird. Sondern vor allem deshalb, weil der Mensch fürs Nichtstun nicht gemacht ist. Und, auch wenn es paradox klingt: Wenn sie richtig dosiert wird, ist geistige Arbeit die perfekte seelische Medizin. »Meine Frau geht jeden Abend mit Stefan Heine ins Bett«, schrieb mal ein Löserbriefschreiber an eine große Tageszeitung. Zuerst war ich ziemlich irritiert, doch dann wurde es mir klar: Erstens meinte er nicht mich persönlich, sondern meine Rätsel. Und zweitens sprach er davon, dass sie vor dem Schlafen am liebsten rätselte.

Lieber Schmerzen als Leerlauf

Der Anfang 2022 verstorbene buddhistische Mönch Thích Nhất Hạnh hat uns zu diesem Thema eine schöne Weisheit hinterlassen: »Statt zu sagen: ›Sitz nicht einfach nur da – tu irgendetwas‹, sollten wir das Gegenteil fordern: ›Tu nicht einfach irgendetwas – sitz nur da‹.« Das klingt natürlich nicht nur schön und einleuchtend. Es ist gleichzeitig leider etwas naiv. Die meisten Menschen sind für Leerlauf nämlich nicht gemacht.

Das wissen wir spätestens seit dem Jahr 2014. Damals veröffentlichte Timothy Wilson, Psychologieprofessor an der Universität von Virginia, eine inzwischen legendäre Studie.[93] Für mehrere Experimente gewann er knapp 150 Studentinnen und Studenten. Sie sollten zunächst ihre Smartphones wegschließen, sich dann in einem leeren Raum auf einen Stuhl setzen und einfach nur ihren Gedanken nachgehen. Mal 6 Minuten, mal 15 Minuten lang. Wilson gab ihnen nur zwei Regeln vor: Sie mussten unbedingt auf dem Stuhl sitzen bleiben und durften keinesfalls einschlafen.

Nun könnte man vielleicht davon ausgehen, dass die Freiwilligen die Chance für eine kurze mentale Auszeit nutzten, ein paar Pläne schmiedeten oder einfach nur entspannten. Theoretisch gibt es ja Schlimmeres, als ein Viertelstündchen einfach nur dazusitzen. Praktisch kam es aber anders. Als Wilson die Testpersonen im Anschluss fragte, wie sie die Zeit im Zimmer empfunden hatten, sagten 49 Prozent: »unerträglich«.

Lag es vielleicht an der fremden Umgebung? War das Labor nicht dafür gemacht, sich zu entspannen? Um diesen Faktor auszuschließen, überlegte sich Wilson einen weiteren Versuch. Er bat knapp 50 Studentinnen und Studenten darum, zu Hause den Rechner anzuschalten und eine Website anzusteuern, auf der sie einen leeren Bildschirm sahen. Und siehe da: Jeder, beziehungsweise jede Dritte hielt es nicht durch und gestand hinterher, sich mit dem Blick aufs Smartphone oder Musikhören abgelenkt zu haben. Als Wilson den Versuch mit älteren Freiwilligen wiederholte, erhielt er dasselbe Resultat. Egal ob Studentin oder Frührentner, egal ob im Labor oder zu Hause: Die meisten Menschen finden anscheinend kein Vergnügen daran, einfach nur dazusitzen, und haben wesentlich lieber etwas zu tun.

Wie tief diese Abneigung gegenüber dem gedanklichen Stand-By-Modus in uns verankert ist, zeigte Wilsons letztes

Experiment. Darin überließ er es den Freiwilligen, wie sie die Zeit auf dem Stuhl nutzten. Sie konnten entweder nichts tun oder sich mit einem kleinen Elektroschocker Stromstöße verabreichen. Kaum zu glauben: Vielen Testpersonen war der schnelle Schmerz lieber als das qualvolle Nichtstun, vor allem den Männern: Von ihnen gönnten sich immerhin 67 Prozent einen zwar harmlosen, aber dennoch spürbaren Stromschlag – obwohl sie vorher noch behauptet hatten, lieber Geld zu zahlen, als einen solchen Schlag zu erleiden.

Was ist so schlimm daran, mit seinen Gedanken in einen Raum eingesperrt zu werden? Sind wir im Smartphone-Zeitalter unfähig, zumindest ein paar Minuten lang »offline« zu sein? Vielleicht. Aber Wilson vermutet, dass es vielmehr an unserer neurobiologischen Programmierung liegt: Viele Menschen tun sich schwer damit, ihre Gedanken bewusst in eine angenehme Richtung zu steuern und auch dort zu belassen, weil sie eben immer wieder an unerfüllte Wünsche und unerledigte Aufgaben denken müssen. »Ohne Meditations- und Achtsamkeitskurse ziehen die Menschen Machen dem Denken vor«, sagt Wilson, »der ungeschulte Geist ist ungern mit sich selbst allein.« Insofern war der Beruf des Rätselmachers für mich in mehrerlei Hinsicht genau richtig. Nicht nur, weil ich immer noch Spaß an der Erstellung habe. Sondern weil die jahrzehntelange geistige Beschäftigung mit kryptischen Kopfnüssen aller Art vielleicht erst dazu geführt hat, dass ich heute problemlos entspannen kann. Damit bin ich eher die Ausnahme als die Regel. Fahrräder können Leerlauf gut ertragen. Menschen weniger.

Nun könnte man das einfach fatalistisch akzeptieren. Aber wahr ist nun mal auch: Eben diese Prägung steht unserer Entspannung im Weg. Wenn wir abends immer noch vor uns hin grübeln und das Kopfkino niemals schließt, führt uns das allerdings überall hin – nur eben nicht ins Land der Träume.

Was also tun? Tatsächlich gibt es dafür eine Lösung. Und ich gebe es direkt zu: Sie klingt paradox, ist aber inzwischen tatsächlich wissenschaftlicher Konsens: Unser Gehirn kann am besten abschalten, wenn wir es beschäftigen. Nicht zu viel, aber auch nicht zu wenig. Nicht zu schwer, nicht zu leicht. Nicht zu lang und nicht zu kurz. Diese Erkenntnis verdanken wir einem Mann, der sein Spezialgebiet durch eine Reihe von Zufällen entdeckte.

Der Glücksforscher

Mihály Csíkszentmihályi (gesprochen: »Mihai Tschick-Sent-Mi-Haji«) kam im Jahr 1934 im damaligen Fiume zur Welt, die Stadt gehörte zu dieser Zeit noch zu Italien. Heute heißt der Ort Rijeka und gehört zu Kroatien. Doch der Zweite Weltkrieg veränderte nicht nur den Namen und die staatliche Zugehörig-keit seines Geburtsorts. Nach Kriegsende landete er mit seiner Familie in einem Flüchtlingslager. Um sich dort die Zeit zu ver-treiben, lernte Csíkszentmihályi Schachspielen. Und bemerkte, dass das Spiel einen unschätzbaren Vorteil hatte: Es ließ ihn alles um sich herum vergessen. Und das vergaß er nie mehr.

Schon als kleiner Junge verfügte er über eine hohe Beobach-tungsgabe. Deshalb beschäftigte ihn auch so sehr, dass kaum ein Erwachsener nach den Erfahrungen des Zweiten Weltkriegs noch ein normales, zufriedenes Leben führen konnte. Und das führte ihn gleichzeitig schon in jungen Jahren zu einer ziem-lich großen Frage: Was genau ist für eine glückliche Existenz eigentlich notwendig? Um Antworten zu finden, besorgte er sich zunächst Philosophiebücher und beschäftigte sich mit Kunst, Religion und Literatur. Doch weil ihn das Selbststudium nicht auf eine praktisch anwendbare Antwort brachte, landete er schließlich durch einen kuriosen Zufall bei dem Fach, in dem er Pionierarbeit leisten, zu einer Legende werden und ein Wort prägen würde, das heute weltweit bekannt ist.

Csíkszentmihályi war damals im Skiurlaub in der Schweiz. Der Schnee war allerdings schon geschmolzen, die Pisten bereits wieder grün. Für andere Vergnügungen, Kino zum Beispiel, hatte er kein Geld. Zum Glück entdeckte er, dass ein Mann in einem Veranstaltungssaal abends einen kostenlosen Vortrag halten würde. Csíkszentmihályi ging hin – und lauschte, ohne es vorher zu ahnen, dem berühmten Schweizer Psychoanalytiker Carl Jung. Danach war er erst recht überzeugt, dass er die Wurzeln des menschlichen Glücks ergründen wollte. Also beschloss er, Psychologie zu studieren. Und weil das an europäischen Universitäten damals kaum möglich war, zog er in die USA.

Für seine Doktorarbeit an der Universität von Chicago wollte er eigentlich untersuchen, welche Prozesse im Kopf von Kreativen ablaufen. Wie genau beschlossen beispielsweise Maler, welche Art von Gemälde sie erschaffen wollten? Aber je länger Csíkszentmihályi sie beobachtete, desto mehr interessierte ihn eine andere Frage: Was fanden die Künstler eigentlich am Malen derart reizvoll, dass sie stundenlang und ohne Pause darin aufgingen – noch dazu ohne Aussicht auf eine unmittelbare Belohnung wie Geld oder Anerkennung?

In den darauffolgenden Jahrzehnten führten er und seine Kolleginnen und Kollegen überall auf der Welt mehr als 8 000 Gespräche. Mit Dominikanermönchen und blinden Nonnen, mit Kletterern im Himalaya und Schäfern der Navajo, mit Künstlern, Wissenschaftlerinnen und Managern, mit Amateursportlern, Schachmeisterinnen und Tänzern. So unterschiedlich ihre Leidenschaften waren, eines hatten alle Befragten gemeinsam: Sie verbrachten viel Zeit mit einer einigermaßen anstrengenden Tätigkeit – mal körperlich, mal geistig, mal beides –, die ihnen weder Ruhm noch Reichtum versprach. Wieso?

»Man befindet sich in einem so ekstatischen Zustand, dass man das Gefühl hat, fast nicht mehr zu existieren«, beschrieb ein Musikkomponist seinen Beruf: »Meine Hand scheint ohne mich zu funktionieren, ich sitze einfach nur da und beobachte es in einem Zustand der Ehrfurcht und Verwunderung.« Und weiter: »Die Musik fließt einfach aus sich selbst heraus.«[94]

Genau diese Beobachtung machte der Psychologe bei all seinen Gesprächen: »Alle beschrieben die Handlung als spontanes Fließen«, sagte Csíkszentmihályi später. Deshalb bezeichnete er diese Art von Erlebnis mit einem Wort, das seitdem weltweit Karriere gemacht hat: »Flow«. Das ganz besondere Gefühl Trance-ähnlicher, höchster Konzentration, das uns alle Ablenkungen ausblenden, uns völlig in einer Tätigkeit versinken, das uns Raum und Zeit vergessen lässt.

Nun könnte man meinen, dass solche Erfahrungen immer mit besonderer Mühelosigkeit verbunden sind. Tatsächlich jedoch ist das Gegenteil der Fall: Oft bedarf es für echten Flow einer körperlichen Anstrengung oder einer hoch disziplinierten, geistigen Aktivität. Oder flapsig formuliert: Wer auf dem Sofa herumfläzt oder faul in der Sonne liegt, empfindet das vielleicht als Entspannung. Der einzige Weg in den Flow führt jedoch über eine aktive Handlung.

Das wusste offenbar auch Leo Tolstoi. In seinem Roman *Anna Karenina* gibt es eine Passage, die das entsprechende Glücksgefühl sehr schön beschreibt. Darin beobachtet der Gutsbesitzer Ljewin seine Angestellten dabei, wie sie Gras mit der Sense mähen. Er sieht, wie fokussiert, wie konzentriert sie sind. Sie gehen ganz in ihrer Arbeit auf, gleichzeitig sehen sie frei aus, wie Tänzer.

»Naja«, könnte man einwenden, »sie werden ja auch dafür bezahlt, das ist nun mal ihr Job«. Doch anstatt sich an seiner privilegierten Situation zu erfreuen und den Arbeitern einfach nur faul zuzusehen, empfindet der wohlhabende Gutsbesitzer in diesem Moment Neid und will das mühevolle Mähen mit der Sense ebenfalls ausprobieren. Wenig überraschend tut er sich zunächst schwer mit dem Gerät, weil ihm sowohl die Kraft als auch die Technik fehlen, um die Arbeit scheinbar mühelos zu erledigen. Aber anstatt sich davon frustrieren zu lassen, fühlt er sich angespornt und wird schließlich belohnt.

Als es ihm mit etwas Übung endlich gelingt, vergisst er für einige Momente, dass seine Hände die Sense schwingen: »Gerade in der größten Hitze erschien ihm das Mähen nicht so anstrengend«, heißt es in dem Roman. »Der Schweiß, der an ihm herunterfloss, kühlte ihn ab, und die Sonne, die ihm auf dem Rücken, dem Kopfe und den bis zum Ellbogen entblößten

Armen brannte, verlieh ihm Kraft und Ausdauer bei der Arbeit; und immer häufiger stellte sich bei ihm jener mehrere Minuten währende bewusstlose Zustand ein, in dem er gar nicht an das dachte, was er tat. Die Sense mähte ganz von selbst. Das waren glückliche Augenblicke.«[95]

Bei der Lektüre dieser Passage musste ich sofort an meinen »Opa Sieseby« (sprich: »Siesebü«) denken. So heißt der Geburtsort meiner Mutter an der Schlei, einem Meeresarm der Ostsee in der Nähe meiner Heimat Eckernförde. Als kleiner Junge besuchte ich dort häufig meine Großeltern. Von Rasenmähern hielt mein Opa nicht viel, zumal sie versagten, wenn das Gras auch nur ein bisschen höher stand. Er war stattdessen ein Freund der Sense. Ich erinnere mich gut daran, wie ich ihm als Sechsjähriger fasziniert zuschaute, und habe noch heute genau im Ohr, welches Geräusch die Sense machte, so ein pfeifend-zischendes »Fffffffffft … ffffffffft … ffffffffft«. Ich wollte das unbedingt auch können und dachte: ist bestimmt ein Kinderspiel. Was für ein Irrtum! Ich brauchte sehr lange, bis ich das schwere Werkzeug halbwegs stabil in Händen halten und das Gras im Garten meiner Großeltern einigermaßen gleichmäßig schneiden konnte.

Was der berühmte russische Schriftsteller in seinem fiktiven Roman beschrieb und ich schon als kleiner Junge in Schleswig-Holstein erlebte, konnte der Psychologe Csíkszentmihályi tatsächlich in der Realität nachmessen. Hinter allem, was leicht aussieht und sich irgendwann auch leicht anfühlt, steckt meistens harte Arbeit.

Die Flow-Formel

Für seine Studien reichte Csíkszentmihályi Hunderten von Probandinnen und Probanden elektronische Pieper, die zehnmal am Tag losbimmelten.[96] Genau dann sollten die Freiwilligen angeben, was sie gerade taten und wie es ihnen dabei erging. Oder konkret: Faulenzten sie gerade oder erledigten sie eine Tätigkeit?

Empfanden sie das als langweilig oder inspirierend? Und handelte es sich um eine Tätigkeit, die sie eher über- oder unterforderte? Dabei machte der Psychologe zwei interessante Beobachtungen, die seitdem in Dutzenden von Studien bestätigt wurden.

Erstens: Das Flow-Gefühl stellt sich nicht ein, wenn die Menschen sich entspannen oder einfach nur faul auf dem Sofa liegen, wenn sie Drogen nehmen oder Alkohol konsumieren. Sondern wenn sie aktiv sind, egal ob geistig oder körperlich. Von nichts kommt – genau – nichts. Und zweitens: Um in den Flow zu kommen, bedarf es einer ganz besonderen Balance. Ist die Herausforderung zu anspruchsvoll, werden wir womöglich entmutigt und empfinden Angst, Stress oder Hektik – absolute Flow-Killer. Ist die Aufgabe zu leicht, werden wir irgendwann desinteressiert und gleichgültig. Mit anderen Worten: In den sprichwörtlichen Fluss geraten wir genau am Übergang zwischen Über- und Unterforderung.

So geht es mir zum Beispiel, wenn ich von Mai bis September fast jeden Morgen um 6.30 Uhr mit einer Handvoll weiterer Frühaufsteherinnen und Frühaufsteher vor unserem örtlichen Freibad stehe. Sobald der Bademeister das Tor aufschiebt, verteilen sich alle auf die beiden herrlichen 50-Meter-Becken. Aufgrund eines Bandscheibenproblems habe ich mir bereits vor 25 Jahren angewöhnt, ausschließlich zu kraulen. Jeden Morgen genieße ich diesen gleichmäßigen Rhythmus aufs Neue und denke dabei an meinen Opa. Vier Züge ... atmen ... vier Züge ... atmen ... vier Züge ... atmen ... ich sense mich gewissermaßen durchs Wasser. Und da man dabei den Grat zwischen Anstrengung und Entspannung sehr fein und bei jedem Zug steuern und nachregulieren kann, stellt sich für mich selbst beim Sport diese wundervolle Art von Flow ein, bei der ich erstaunlicherweise auch noch prima denken und mich auf den Tag vorbereiten kann.

Das bedeutet aber gleichzeitig auch, dass wir den Schwierigkeitsgrad unserer Flow-Quellen permanent erhöhen müssen – weil wir andernfalls irgendwann unter unseren Möglichkeiten bleiben, egal ob beim Klavierspielen, Golfen oder Malen: »Flow zwingt die Menschen, sich immer wieder einer neuen Herausforderung zu stellen und ihre Fähigkeiten zu verbessern«, schrieb Csíkszentmihályi.[97] Und weiter: »Im Alltag tritt Flow typischerweise bei klar strukturierten Aktivitäten auf, bei denen das Niveau der Herausforderungen und Fähigkeiten variiert und kontrolliert werden kann.« Sie ahnen sicher schon, worauf ich hinauswill: Rätsel aller Art sind ein perfektes Mittel, um Flow zu erleben.

Darauf deutet auch eine Studie hin, die die Hirnforscherin Sonia Bishop von der Universität von Kalifornien in Berkeley vor einigen Jahren veröffentlichte.[98] Für ihr Experiment gewann sie mehrere Dutzend Freiwillige im Alter von 19 bis 48 Jahren. Zunächst bestimmte Bishop mittels eines entsprechenden Tests, inwieweit die Testpersonen zu Angst, Stress und Nervosität neigten. Dann sollten sie am Bildschirm Aufgaben mit verschiedenen Schwierigkeitsgraden lösen. Immer wenn die Freiwilligen in einer Reihe von Buchstaben ein »N« oder »X« sahen, mussten sie eine entsprechende Taste drücken. Manchmal waren die beiden Buchstaben leicht zu erkennen, ein anderes Mal waren sie in langen Buchstabenketten versteckt. Zur Ablenkung blendete Bishop einen ähnlichen Buchstaben über oder unter der Kette ein.

Während der Übung bestimmte die Wissenschaftlerin mittels eines funktionellen Magnetresonanztomographen (fMRT), was im Gehirn der Teilnehmerinnen und Teilnehmer passierte. Und dabei stellte sie fest: Bei der anspruchsvollen Variante leuchte bei allen Teilnehmern vor allem eine Region namens dorsolateraler präfrontaler Cortex (kurz: DLPFC) auf – und die, das ist aus früheren Studien bekannt, spielt unter anderem eine wichtige Rolle für das Arbeitsgedächtnis, die kognitive Flexibilität sowie Planung und Organisation. Wenn die Buchstabensuche jedoch einfach war, sank vor allem bei den zu Angst und Nervosität neigenden Teilnehmerinnen und Teilnehmern die Aktivität in dieser Region. Wir lernen: Offenbar ist ein gewisser geistiger Stress durchaus gut, um Ängste und Sorgen loszuwerden – weil wir unsere nervliche Energie dann auf das Problem und dessen Lösung lenken, anstatt mit unseren Gedanken alleine zu sein.

Kaum zu glauben, so langsam biegen wir ein auf die Zielgerade dieses Buchs. Aber bevor wir uns dem Ende nähern, wollte ich doch noch eines klarstellen. Ich werde oft gefragt: «Quälst du die Löser deiner Rätsel gerne?» Oder alternativ: »Willst du sie scheitern sehen?« Um Himmels willen! Nichts davon läge mir ferner. Es gibt nichts Ärgerlicheres als ein ungelöstes Rätsel.

Zugegeben, natürlich will ich es den Menschen nicht zu leicht machen, sonst hätten sie auch keinen Spaß. Sie sollen beim Nachdenken schon ins Grübeln kommen. Ich will sie durch meine Fragen oder Aufgabenstellungen an ihre geistige Grenze bringen. Aber, um im Bild zu bleiben: Wenn sie an dieser Grenze angelangt sind, sollen sie nicht bereits vollkommen erschöpft sein, lustlos oder frustriert. Sondern immer noch so engagiert und motiviert, dass sie diese Grenze von selbst überschreiten können. Immer wenn sie ein Rätsel lösen, von dem sie zunächst dachten, dass sie definitiv daran scheitern – dann habe ich meine Arbeit erfolgreich erledigt.

Aber wie produziert man eigentlich immer neue Rätsel? Kann man auch das lernen? Und wie bitteschön sind andere berühmte Rätselmacherinnen und -macher zu diesem Beruf gekommen? Diesen Fragen widmen wir uns im folgenden Kapitel. Vorab aber noch die Auflösung des Fische-Sudokus von Seite 168:

4	2	7	5	6	9	1	8	3
8	5	6	2	3	1	9	4	7
1	3	9	4	7	8	2	6	5
7	1	3	8	4	2	6	5	9
2	6	8	7	9	5	4	3	1
5	9	4	6	1	3	8	7	2
3	8	5	1	2	4	7	9	6
9	7	1	3	8	6	5	2	4
6	4	2	9	5	7	3	1	8

Zusammenfassung

Rätsel sind eine wundervolle Methode, um die Alltagssorgen loszuwerden, Probleme zu vergessen und zu entspannen – vor allem aus drei Gründen. Erstens bereiten abendliche Rituale den Körper auf die Nachtruhe vor, weil das Gehirn die Handlung mit Schlaf assoziiert und man dadurch automatisch müde wird. Zweitens sind wir fürs Nichtstun ohnehin nicht gemacht. Und drittens kann uns geistige Arbeit in den Flow-Zustand führen: Unser Gehirn befindet sich dann im perfekten Gleichgewicht zwischen genug Forderung, Inspiration und angenehmer, aber nicht überfordernder Beschäftigung – kurz: im perfekten Konzentrationszustand. Direkt vor dem Schlafengehen kann Rätseln das richtige Abendritual zur Entspannung sein, das uns langsam runterfährt, aber nicht langweilt.

Die Wortspieler

Wann Rätselmacher selig sind

Beginnen wir mit einer scheinbar simplen Frage: Ein Mann namens Rainer Frust kam am 29. Februar 1956 zur Welt. An welchem Tag wurde er volljährig? (Die Auflösung der Rätselfrage finden Sie auf Seite 194 und 195.)

Diese Knobelaufgabe war Teil eines Spiels, das den Grundstein legte für die Karriere eines überaus bekannten deutschen Rätselmachers. Seit Mai 1990 liegt der Freitagsausgabe der *Süddeutschen Zeitung* das *SZ Magazin* bei. Darin enthalten: ein Rätsel namens *Das Kreuz mit den Worten*. Und dessen Ersteller war von Beginn an ein Mann mit dem Pseudonym CUS. Lange kannte selbst ich seinen wahren Namen nicht, auch wenn wir uns einige Male persönlich begegnet waren.

Zum ersten Mal trafen wir uns auf der Premiere von CUS' Buch *Der Coup, die Kuh, das Q* im Haus der Gegenwart in München im Oktober 2007, hielten Kontakt und haben seitdem immer wieder zusammengearbeitet. Ich unterstützte ihn zum Beispiel bei speziellen Aufträgen mit computergenerierten Rätseln: Ich entwarf das Gitter mit den Lösungsworten und er änderte die dazugehörigen Fragen dann in seinem bekannten Stil um. Auch die digitale Umsetzung war etwas, das ihn schon früh beschäftigte und wir gemeinsam angehen wollten. Ich erinnere mich besonders gerne an ein gemeinsames Projekt für die schweizerische *NZZ*: Ich recherchierte regionale Begriffe, entwarf auch hier das Gitter mit allen Worten, briefte CUS mit allem, was er inhaltlich wissen musste, und er schrieb die dazugehörigen Rätselfragen.

Furchtbar traurig ist nur, dass CUS im Herbst 2022 viel zu jung und unerwartet verstorben ist. Seitdem kennt man auch seinen bürgerlichen Namen: Curt Schneider. Und damit wurde auch bekannt, dass die Faszination an der Sprache in der Familie lag, denn sein Vater war Journalist und Sprachkritiker Wolf

Schneider. Er starb tragischerweise kurz nach seinem Sohn. Der Tod von CUS war ein großer Verlust für die ganze Gemeinschaft von Rätselmachern und Fans – und für mich war es ein richtiger Schock, da ich einen sehr geschätzten Kollegen verloren habe.

Ich kenne viele Rätselmacherinnen und Rätselmacher aus aller Welt und einige sind in ihren Ländern sehr bekannt und ähnlich prominent wie hierzulande Musikerinnen, Schauspieler oder TV-Moderatorinnen. Das hat natürlich Vor- und Nachteile, doch überall dort, wo Rätselmacher in der Öffentlichkeit stehen, Interviews geben, Talkshows besuchen und ihre Meinung zu allem Möglichen gefragt ist, weil sie als schlau und vielwissend angesehen werden, dort haben auch Rätsel ganz grundsätzlich einen deutlich höheren Stellenwert im Bewusstsein der Allgemeinheit. Dies würde ich mir auch hierzulande wünschen, doch fühlen sich die meisten deutschen Rätselmacherinnen und -macher unter dem Deckmantel eines Pseudonyms wohler – so wie es auch bei Eckstein der Fall ist und bei CUS der Fall war. Die selbst gewählte Anonymität war für CUS eine Mischung aus Spleen, Spielerei und Selbstschutz. Früher – hatte er mir in seiner tiefen, sonoren Stimme erzählt – sei es tatsächlich Tradition gewesen, dass Rätselmacher anonym blieben. Einer nannte sich Torquemada, so wie ein spanischer Großinquisitor, der im Mittelalter mehrere Menschen zu Tode gefoltert haben soll: »Der Rätselmacher sollte selbst ein Rätsel bleiben«, fand CUS. Der Kreuzworträtselmacher mit dem Pseudonym Eckstein vom *Zeit Magazin* macht es genauso. Dieser hat nämlich auch keine Lust darauf, von Rätslerinnen und Rätslern angerufen zu werden, weil die nach Stunden des Grübelns eines der Rätsel gelöst haben oder an einer Frage verzweifeln.

Zu seinem Job kam Curt Schneider durch Zufall. Als Jurastudent in München organisierte er mit einem Freund eine Gaudirallye namens »Die rauchenden Köpfe« – eine Art motorisierte Schnitzeljagd. Das Duo zeichnete einen Plan und dachte sich Fragen und Bilderrätsel aus. Bis zu 70 Teams jagten daraufhin einen Tag lang durch bayerische Bauerndörfer, zwischendurch mussten sie komplizierte Denkaufgaben lösen – darunter auch die Frage nach der Volljährigkeit von »Rainer Frust« (Bemerken Sie das Wortspiel?).

Eines Tages fuhr bei einer der Rallys eine Münchener Journalistin mit. Die *Süddeutsche Zeitung* bastelte damals gerade am Konzept des neuen Magazins und überlegte, eine Rätselseite zu integrieren. Aber wen sollte sie zurate ziehen? Das Internet gab es damals noch nicht, in den *Gelben Seiten* gab es für Rätselmacher auch keine Kategorie. Zum Glück erinnerte sich die Journalistin an Curt Schneider, der damals kurz vor dem zweiten Staatsexamen in Jura stand, und rief ihn an. Während des Brainstormings in der Redaktion entstand die Idee, ein besonders schwieriges Rätsel zu entwerfen. Wenige Wochen später klingelte erneut sein Telefon. Ob er nicht Lust hätte, ein Testrätsel zu entwerfen? Die Lösungswörter hatte die Redaktion bereits in einem Gitter notiert, er sollte nur die Beschreibungen hinzufügen. Dasselbe machte ein Mitkonkurrent in Berlin – und weil der Redaktion Curts Version besser gefiel, erhielt er den Auftrag für sein erstes eigenes Rätsel: »So wurde ich statt einer von vielen Juristen einer der wenigen Rätselautoren im Land.«

Ein rätselhaftes Verfahren

Danach – als langjähriger Macher des bekannten und beliebten *SZ Magazin*-Rätsels *Das Kreuz mit den Worten* – bekam er von der Redaktion aber kein fertiges Rätsel mehr vorgelegt. Stattdessen begann er mit einem leeren Blatt Papier. Dann ging er quasi den umgekehrten Weg als die Löserinnen und Löser: Zunächst legte er sich die Begriffe zurecht und formt daraus die Lösung eines Kreuzworträtsels. Meist begann er mit einem langen Wort, das am Ende waagerecht ganz oben stehen wird. Allerdings sollte es möglichst keine seltenen Buchstaben enthalten (q, c, x oder y). Denn: Jeder Buchstabe dieses Wortes wird zum ersten Buchstaben der senkrechten Begriffe, die in der oberen Zeile beginnen.

Das Kreuz mit den Worten nach CUS enthält keine schwarzen Kästchen (wie bei klassischen Kreuzworträtseln) und keine Fragekästchen (wie beim Schwedenrätsel), die beim Füllen eines leeren Gitters hilfreich wären. Und: CUS versuchte immer so wenig wie möglich Trennstriche einzubauen, die zwei Worte voneinander abgrenzen. Anders ausgedrückt: Alle Buchstaben sind sowohl waagerecht als auch senkrecht Teil der gesuchten Begriffe, werden also immer zweifach genutzt – und das macht die Erstellung per Hand zu einem echten Geduldsspiel. Außerdem fand CUS Substantive immer besser als Verben und Adjektive. Zum einen, weil bei einem Verb die Tätigkeit irgendwie in der Umschreibung vorkommen muss (und so leicht wollte er es den Menschen auch nicht machen). Zum anderen enden die meisten Verben auf »en«, was ihn wiederum ebenfalls einschränkte. Auch wir Rätselmacher stehen eben auf künstlerische Freiheit.

Wenn er das Kreuzworträtsel fertig gebaut hatte, begann der zweite Teil der Arbeit. Nun musste er für die Begriffe möglichst originelle Umschreibungen finden. Denn auch wenn er in seinem Leben weit mehr als 1 500 Rätsel erstellt hatte, war sein Ehrgeiz weiterhin ungebrochen: Die Hinweise sollten sich nicht wiederholen. Deshalb hatte er eine eigene Datenbank angelegt, geordnet nach Lösungswörtern. Inzwischen stehen in diesen Datenbanken an die 90 000 Umschreibungen. Pro Woche hat sich CUS etwa 50 Rätselfragen ausgedacht, das machte knapp 3 000 pro Jahr. Gingen ihm nach so langer Zeit nicht irgendwann mal die Ideen aus? Nein, sagte er mir einmal, auch weil er immer auf Empfang war: »Bei jedem Film, den ich sehe, und jeder Zeitung, die ich lese, suche ich nach Kuriositäten und Doppeldeutigkeiten.«

Eine seiner liebsten Umschreibungen lautete: »Vorne rein, hinten rein, so mögen's Kardinäle gern«. Das Lösungswort lautet »Purpur«. Wie er auf diese Umschreibung gekommen ist? Kardinäle tragen traditionell die Farbe Purpur. »Pur« ist ein Synonym für »rein«, »pur-pur« hieße demnach »rein-rein« – ein Wort vorne, eines hinten, oder: vorne rein, hinten rein. Zugegeben, auf solche Assoziationen muss man erstmal kommen. Dennoch, oder sagen wir besser: Gerade wegen dieses ganz besonderen Humors wurde und wird CUS – auch nach seinem Tod – von seinen Anhängern so kultisch verehrt.

Der berühmteste Rätselmacher der Welt

CUS und Eckstein sind und waren bekannte Vertreter für kryptische Kreuzworträtsel, ich gelte eher als Experte für Sudokus und logischen Denksport. Doch unsere Bekanntheit verblasst im Vergleich zur Prominenz von Will Shortz. Er hatte vor einigen Jahren nicht nur einen Gastauftritt in der Zeichentrickserie *The Simpsons* – eine Ehre, die sonst meistens nur Weltstars wie Stephan Hawking, Richard Gere, Ronaldo oder Ed Sheeran zuteilwird. Zum 50. Geburtstag erhielt »Mister Kopfnuss« einen persönlichen Brief des ehemaligen US-Präsidenten Bill Clinton: »Mach unbedingt weiter mit den Kreuzworträtseln«, heißt es darin, »selbst wenn ich sie nicht zu Ende löse, sind sie der einzige Teil der Zeitung, der mir ganz sicher ein gutes Gefühl verschafft.« Der Brief hängt heute noch an der Wand vor Wills Arbeitszimmer.

Wenn man Menschen im Herbst des Berufslebens nach dem Geheimnis ihres Erfolgs fragt, dann erzählen sie häufig davon, welche Rolle der Zufall spielte, und dass sie eigentlich ganz andere Pläne hatten. Wenn man mit Will über seine Karriere spricht, ist das ganz anders. Er macht nämlich keinen Hehl daraus, dass er nie etwas anderes vorhatte als Rätselmacher zu werden, und dass er dafür auch »ein Leben in völliger Armut« akzeptiert hätte.

Seine Faszination fürs Rätseln begann schon in der Kindheit. Will wuchs im US-Bundesstaat Indiana auf. Seine Mutter Wilma schrieb Kinderbücher, außerdem nahm sie gerne an Preisausschreiben aller Art teil, für Gedichte, Kurzgeschichten und Rätsel. Um ihre Siegchancen zu erhöhen, schickte sie gleich mehrere Postkarten ein mit verschiedenen Namen, darunter auch der von Will. Mit Erfolg: Als er noch ein kleiner Junge war, gewann seine Mutter unter anderem zwei Autos und 2 000 Dollar in bar. Kurioserweise machte meine Schwester schon als Kind dasselbe. Und um ihre Siegchancen noch weiter zu steigern, bastelte sie gerne auffällige, bunte, selbstbemalte Postkarten – und gewann dadurch unter anderem eine Kreuzfahrt und diverse Fernseher.

Will erzählte mir diese Kindheitsanekdote im Jahr 2006 bei unserem ersten Kennenlernen während der Rätsel-WM im italienischen Lucca. Ich erinnere mich noch gut daran, dass ich damals total ehrfürchtig war, den »Godfather of Puzzle« zu treffen. Aber Will ist viel zu nett und bodenständig, dadurch war meine Nervosität schnell verflogen.

Bereits im Alter von acht Jahren fing Will an, sich selber Rätsel auszudenken. Und spätestens als er auf die *Cyclopedia of Puzzles* von Sam Loyd stieß, stand sein Berufsziel fest. In der achten Klasse sollten seine Mitschülerinnen und Mitschüler und er in einem Aufsatz festhalten, was sie mal werden wollten: »Ich habe Rätsel schon immer gemocht und habe viel über Rätselmacher gelesen«, schrieb der damals 13-Jährige, »das klingt nach einem interessanten Beruf.«[99]

Nach der Highschool schrieb er sich an der Universität von Indiana ein. Die Hochschule hatte damals gerade ein neues Programm gestartet: Alle Studierenden konnten sich ihre Fächer individuell aus verschiedenen Vorlesungen zusammenstellen – und Will war davon überzeugt, dass Rätsel auch aus wissenschaftlicher Perspektive höchst relevant sind. Deshalb überredete er einen Professor dazu, ein Fach namens »Enigmatologie« ins Leben zu rufen, also die Wissenschaft des Rätselns.

Dafür belegte Will verschiedene Kurse, unter anderem über »Worträtsel aus dem 20. Jahrhundert«. Dazu muss man allerdings wissen, dass solche Kurse an der Uni bis dahin gar nicht existierten, Will schrieb sich den Lehrplan also gewissermaßen selber. Im Kurs über die »Psychologie von Rätseln« untersuchte er beispielsweise, wie das Gehirn funktioniert und warum Menschen so gerne Rätsel lösen. Und für den Kurs über die »Konstruktion von Kreuzworträtseln« erstellte er alle paar Wochen ein neues Rätsel, reichte es zum Testlösen an einen Professor und ließ sich Feedback geben. So gewöhnte er sich früh daran, Rückmeldung auf seine Werke niemals persönlich zu nehmen, sondern immer nur konstruktiv aufzufassen. Und diese Fähigkeit sollte ihm im Verlauf seines späteren Berufslebens noch mal sehr nützlich werden.

Nach seinem Abschluss in Enigmatologie studierte er aber noch Jura, so wie sein älterer Bruder – weil seine Eltern darauf bestanden, dass er »etwas Ordentliches lernt«. Doch auch im Jurastudium ließen ihn die Rätsel nicht los. Die meisten Kommilitonen belegten Kurse in Strafverteidigung, er ging lieber seinen eigenen Weg: »Ich wusste, dass ich niemals einen Fall vor Gericht verhandeln würde«, sagt Will heute, »deshalb belegte ich lieber Kurse über geistiges Eigentum.« Über welche Themen er darin Aufsätze schrieb? Über Urheberrechtsschutz für Puzzles und Spiele. Schon während der Semesterferien hatte er bei Rätselverlagen gearbeitet, nach dem Studium bekam er eine Stelle als Redakteur beim *Games Magazine*. Und als im Jahr 1993 der Rätselchef der *New York Times* starb, bewarb er sich als dessen Nachfolger – und diesen Posten hat er seitdem nicht mehr verlassen.

Als er seinen Job bei der *New York Times* antrat – zwei Jahre vor meinem Start als Rätselmacher –, war er 36 Jahre jünger als sein Vorgänger Eugene Malaska. Und diesen Altersunterschied sollten seiner Meinung nach auch die Leserinnen und Leser bemerken. Will wollte eine jüngere und diversere Zielgruppe erreichen – und dafür musste er auch die Rätsel modernisieren, sowohl sprachlich als auch inhaltlich.

Dazu muss man wissen, dass das Rätsel der *New York Times* einige Besonderheiten aufweist. Zum einen wird es mit jedem Tag der Woche immer schwieriger: Montags gibt es vergleichsweise leichte Kost, in der Sonntagsausgabe die schwer zu knackende Kopfnuss.

Zum anderen verlässt sich das Rätselteam seit jeher auf freiwillige Einsendungen von Hobbytüftlern. Jede Woche erreichen Will an die 200 Entwürfe, jeder muss gelesen, gelöst und beantwortet werden. Für einen Abdruck gibt es nicht nur Ehre: Unter der Woche liegt das Honorar für die ersten beiden Rätsel bei 500 Dollar, ab dem dritten gibt es 750 Dollar. Für die Sonntagsrätsel zahlt die Zeitung 2250 Dollar. Zum Vergleich: Als Will seinen Posten antrat, gab es für die Wochenrätsel 40 Dollar und für das am Sonntag 150.

Pro Jahr druckt die *New York Times* die Rätsel von mehr als 100 verschiedenen Kopfnusskonstrukteuren ab, wobei Will alle Entwürfe noch mal bearbeitet, am Ende stammt bis zur Hälfte der formulierten Fragen von ihm. Ein ziemlicher Aufwand, sowohl bürokratisch als auch logistisch. Für Will sind die Vorteile aber offensichtlich: Die Qualität sei dadurch höher und die Vielfalt größer.

Was ich an Wills Karriere so erstaunlich finde, ist nicht alleine die schiere Dauer seines Erfolgs oder die anhaltende Begeisterung für das Rätseln. Ja, er hat inzwischen vier Mitarbeiter unterschiedlicher Generationen, die ebenfalls ihre Meinung sagen – aber das letzte Wort hat immer noch er. Klar, es gibt gewisse objektive Kriterien, wie so ein Rätsel aussehen sollte. Aber wer genau kann schon sagen, was ein Rätsel leichter macht oder komplizierter? Was bedeuten die von Will geforderten Kriterien »Frische, Verspieltheit und Humor«? Und wie sieht thematische Ausgewogenheit konkret aus? Genau genommen entscheidet bei der berühmtesten Tageszeitung der Welt seit dem Jahr 1993 der Geschmack eines Mannes darüber, was es auf die Rätselseite schafft – und was im Papierkorb landet.

Aber wie erklärt sich Will nun diese für Außenstehende rätselhafte, lebenslange Leidenschaft für das Rätselerstellen? »Erstens ist es eine kreative Tätigkeit«, sagt Will, »und alles, was kreativ ist, ist erfüllend.« Und zweitens fühle er sich den Löserinnen und Lösern der Rätsel auf besondere Weise verbunden: »Sie sind interessiert und kennen sich in der Welt aus, sie sind lebendig, neugierig und oft humorvoll. Genau die Art Mensch, die ich gerne um mich habe.« Schöner kann man den Charme meines Berufs eigentlich nicht erklären.

Rätsel als Therapie

Auch Anna Shechtman kann Wills Liebeserklärung an das Rätselmachen sehr gut nachvollziehen. Sie ist der beste Beweis dafür, dass es nicht nur glücklich macht, sondern mitunter auch therapeutische Wirkung hat, Rätsel zu erstellen und zu gestalten

Anna stammt aus einer New Yorker Akademikerfamilie. Ihr Vater ist Juraprofessor, ihre Mutter Kunsthistorikerin. Über die genaue Ursache lässt sich heute nur spekulieren, doch Fakt ist: Als Teenagerin entwickelte Anna eine Essstörung. Um ihre Tochter abzulenken, schaute Annas Mutter gerne mit ihr Filme. Und eines Tages, Anna war damals etwa 14 Jahre alt, sahen sie *Wordplay*.

Der Dokumentarfilm ist eine filmische Liebeserklärung an Kreuzworträtsel. Der Regisseur Patrick Creadon befragt darin einerseits passionierte Rätsellöserinnen und -löser, darunter auch den ehemaligen US-Präsidenten Bill Clinton und Fernsehmoderator Jon Stewart. Andererseits interviewt er die Macherinnen und Macher der Rätsel und lässt sich erklären, wie sie bei der Erstellung vorgehen.

Einer der Protagonisten ist der inzwischen verstorbene Merl Reagle. Im Film sitzt er in seinem Wohnzimmer am Esstisch, vor sich ein Blatt Papier mit leeren Kästchen, in der Hand einen Bleistift. Schritt für Schritt füllt er nun die kleinen Quadrate mit Wörtern, mal waagerecht, mal senkrecht. Zwischendurch schildert er, was in seinem Kopf vorgeht, gelegentlich schlägt er Begriffe im Wörterbuch nach. Es ist eine Szene, die man nicht so schnell vergisst, vor allem weil Merl eine diebische Freude an der intellektuellen Herausforderung und dem Spiel mit den Worten hat.

Auch Anna hat diese Szene nie vergessen. Und deshalb wechselte sie nach dem Film gewissermaßen die Seiten: Bis dahin hatte sie die Rätsel vor allem gerne gelöst. Nun wollte sie die Rätsel selber erstellen. Und dabei merkte sie, dass der kreative Prozess ihr seelisch guttat. Wenn sie gedanklich in die Rätsel versunken war, hatte sie das Gefühl, gleichzeitig ihren Körper unter Kontrolle zu haben. Ärzte, Freunde und Verwandte rieten ihr dringend, Gewicht zuzunehmen. Sobald ihr das gelang, fühlte sie sich allerdings sofort schlechter – eine paradoxe Folge der Essstörung. Doch Anna wusste sich zu helfen: »Dann stärkte ich mein Selbstwertgefühl durch das Erstellen von Kreuzworträtseln, weil es mir komplex, frühreif und außergewöhnlich erschien.« Irgendwann machte sie es sich zur Gewohnheit, zwischen jeder Mahlzeit ein Rätsel zu erstellen: »Dann war der Krieg mit meinem Körper vorübergehend beendet und ich flüchtete mich in eine abstrakte Matrix aus Buchstaben und Wörtern«, schrieb Anna mal in einem Essay, »das einfache Raster ordnete meine rasenden Gedanken und ersetzte das Hochgefühl des Hungerns.«

An der Highschool erstellte sie Rätsel für die Schulzeitung, an der Uni Rätsel für die Studierendenzeitung. Ihre Essstörung ging aber nie ganz weg. Im Alter von 19 verließ sie die Hochschule zeitweise und meldete sich in einem Behandlungszentrum für Frauen mit Essstörungen an. Ohne es zu wissen, schickte ihr damaliger Freund eines ihrer Rätsel an Will Shortz – und der war sofort begeistert. Im Mai 2009 druckte die *New York Times* Annas erstes Rätsel (damit war sie die zweitjüngste Lieferantin nach dem 14-jährigen Ben Pall im Jahr 1995). Nach ihrem Hochschulabschluss hätte sie an der Sorbonne in Paris studieren können. Stattdessen nahm sie eine Stelle als Wills Assistentin bei der *New York Times* an.

Dort war sie in mehrerlei Hinsicht eine Außenseiterin: Die meisten Rätselmacher sind weiße Männer, die irgendetwas mit Informatik studiert haben. Anna war eine junge Frau aus New York mit einem Abschluss in Geisteswissenschaften. Diese Außenseiterrolle hätte sie einschüchtern können, aber das Gegenteil war der Fall. Wie Will bei dessen Amtsantritt im Jahr 1993 wollte auch Anna eine größere Zielgruppe erreichen. Deshalb kämpfte sie dafür, sowohl die Lösungswörter als auch die entsprechenden Umschreibungen zu verjüngen – auch mal moderne Ausdrücke zuzulassen, bissige Wortspiele zu verwenden, Anspielungen auf popkulturelle Phänomene und Internetslang einzubauen. Sowohl Will als auch Anna bestätigen heute, dass sie mitunter heftig miteinander diskutierten. Mal gab Will klein bei, mal setzte er sich durch. Aber der Erfolg gibt beiden recht. Im Dezember 2021 hatten mehr als eine Million Menschen ein digitales Abonnement allein für die Rätselrubrik der *New York Times*.[100]

Anna selbst ist inzwischen hauptberuflich in die Wissenschaft gewechselt. Sie schreibt ihre Doktorarbeit an der Cornell Universität, ab 2024 wird sie Assistenzprofessorin in der Abteilung für englische Literatur. Ganz verlassen hat sie die Welt der Rätselmacher aber nicht. Zweimal im Monat schreibt sie die Kreuzworträtsel für das berühmte Kulturmagazin *New Yorker*, der britische *Guardian* nannte Anna in einem Porträt mal »Die neue Königin der Kreuzworträtsel«. Außerdem arbeitet sie an einem Buch mit dem Titel *The Riddles of the Sphinx* (»Die Rätsel der Sphinx«), in dem sie vor allem weibliche Rätselmacherinnen porträtiert – unter anderem Margaret Farrar.

Die Amerikanerin leitete von 1942 bis 1969 als erste Person überhaupt die Rätselseite der *New York Times* und etablierte währenddessen gewisse Standards, die noch heute gelten – sowohl ästhetisch wie inhaltlich. Zum einen prägte sie den Begriff des *Sunday Morning Breakfast Test*. Jedes Rätsel sollte so geschmackvoll sein, dass sich niemand beim sonntäglichen Frühstück gestört fühlte, aufregte oder ekelte – was gewisse Begriffe automatisch ausschloss. Farrar war der Meinung, dass ein Kreuzworträtsel den Geist aktivieren sollte, nicht den Körper.

Ästhetische Ansprüche

Zum anderen hat sie allen Generationen von Rätselmacherinnen und -machern gewisse Regeln hinterlassen, die heute weltweit gelten – und die auch ich berücksichtige. Dass es Spaß machen soll, dass es lösbar ist, dass die Angaben stimmen – so weit, so klar. Aber darüber hinaus gibt es auch gewisse ästhetische Ansprüche an ein Kreuzworträtsel. Falls Sie ein gutes von einem schlechten unterscheiden wollen, achten Sie auf drei Dinge:

- *Erstens:* die sogenannten »Toten Zweier« (oder, schlimmer noch: Dreier oder Vierer) – wenn Kästchen einfach nur waagerecht nebeneinanderstehen und nicht auch noch senkrecht einen Ausdruck ergeben (oder umgekehrt).
- *Zweitens:* Ein- und zweibuchstabige Worte, also Kfz-Kennzeichen zum Beispiel oder italienische Flüsse – die sind auch nicht so originell.
- Und *drittens:* Wenn Ketten von Fragekästchen das Rätsel zerschneiden oder gar ganze Bereiche darin abtrennen. Das Kreuzworträtsel sieht dann nicht richtig aus und macht auch weniger Spaß, weil die Antworten einfach nicht so schön aufs Blatt fließen können.

Egal ob Eckstein, Will, Anna oder ich: Wir werden oft gefragt, ob wir an die Zukunft menschengemachter Kreuzworträtsel glauben. Werden Rätsel bald nur noch von Maschinen entwickelt? Haben wir keine Angst, eines Tages von einem Computer verdrängt zu werden? Und werden Maschinen die Rätsel eines Tages besser lösen können als Menschen? Diese Fragen klingen nach einer vermeintlich dystopischen Zukunftsvision. Aber tatsächlich gibt es bereits in der Gegenwart erste Hinweise auf die Antworten. Und diesen Antworten widmen wir uns im Abschlusskapitel.

Vorher aber noch die Auflösung in Sachen Volljährigkeit von Rainer Frust. Zur Erinnerung: Geboren wurde er am 29. Februar 1956. Zunächst glaubt man die Frage gelöst zu haben: 1. März 1974! Denkste.

Gehen wir es Schritt für Schritt durch. Wann vollendet Rainer sein erstes Lebensjahr? Wenn der 28. Februar 1957 vorbei ist. Also wird er am 1. März 1957 – kein Schaltjahr – ein Jahr alt. Und genau hier tappt man prompt in die Falle. Denn nun kommt das Rätsel hinter dem Rätsel: Im Jahr 1974 wurde man erst im Alter von 21 volljährig. Die Senkung auf 18 Jahre erfolgte mit Beginn des Jahres 1975. Die richtige Antwort lautet also: Volljährig wurde Rainer Frust am 1.1.1975.

Zusammenfassung

Die Macherinnen und Macher kryptischer Kreuzworträtsel gehen den umgekehrten Weg der Löserinnen und Löser: Zunächst formen sie aus den Begriffen ein Rätsel, dann müssen sie für die Begriffe möglichst originelle Umschreibungen finden. Ein gutes Rätsel sollte möglichst wenig »Tote Zweier« und ein- oder zweibuchstabige Worte enthalten, außerdem sollte es nicht von Fragekästchenketten zerschnitten werden. Der Prozess des Rätselmachens ist nicht nur erfüllend, weil es sich um eine kreative Tätigkeit handelt – sondern weil man weiß, dass das Produkt von interessierten, neugierigen und lebendigen Menschen genutzt wird und ihnen Freude bringt.

Ausblick

Was die Rätselwelt von morgen bringt

Angeblich war früher alles besser, für meine Arbeit gilt das allerdings weniger. Ja, Zeitungen und Zeitschriften zahlten für meine Rätsel mehr Geld. Dafür war die Arbeit allerdings auch um ein Vielfaches mühsamer.

Als ich in den Neunzigerjahren begann, gab es zwar bereits ein paar Computerprogramme zur Erstellung von Kreuzworträtseln. Die verfügten allerdings über einen ziemlich geringen Wortschatz. Und beim Rätselmachen entscheidet die Quantität definitiv über die Qualität. Oder konkret: Je größer der Wortschatz, desto besser das Rätsel.

Deshalb nutze ich, wie die meisten anderen Rätselmacherinnen und -macher auch, inzwischen mein eigenes Computerprogramm. Dessen Fundament ist eine riesige Datenbank, die mittlerweile über einen Wortschatz von etwa 50 000 Begriffen und 120 000 Fragen verfügt. Den haben wir aber, man mag es kaum glauben, größtenteils selber eingetippt (und ja, das ist genauso mühsam wie es sich anhört).

Für die meisten Begriffe gibt es nämlich mehrere Fragen. Nach »Weise« kann man zum Beispiel suchen, indem man nach einem anderen Wort für »lebensklug«, »Vorgehensart«, »lebenskluge Frau« oder »Art« fragt. Wenn ich nach einer Umschreibung für »Zug« suche, passen die Beschreibungen »Schienenfahrzeug«, »Rauchführung im Ofen«, »taktische Bewegung«, »Charaktereigenschaft« oder »Eisenbahn«. Und wenn der Löser oder die Löserin auf »Kamm« kommen soll, stehen mir dafür »Bergrücken«, »Auswuchs am Kopf von Hähnen«, »Utensil zum Haare kämmen« oder »Teil einer Welle« zur Verfügung. Die gewählten Begriffe bastelt der Algorithmus dann von sich aus passend in die Kästchen.

Mache ich mich dadurch zwangsläufig überflüssig? Werden Kreuzworträtsel oder Sudokus bald nur noch von Maschinen entwickelt? Jein. Tatsächlich nehmen Computer allen Rätsel-machern und -macherinnen einen wesentlichen Teil ihrer Arbeit ab. Und wie wir gleich sehen werden, ist Software sogar schon dazu in der Lage, die Rätsel mitunter besser, schneller und zuverlässiger zu lösen als Menschen. Das heißt aber nicht, dass die Maschinen uns komplett verdrängen werden. Vielmehr deuten die Erfahrungen der vergangenen Jahre auf ein anderes Szenario hin: Auch in der Welt der Rätsel wird es zu neuen Formen der Zusammenarbeit zwischen Mensch und Maschine kommen – aber das stimmt mich nicht pessimistisch, sondern ganz im Gegenteil ziemlich optimistisch.

Räumen wir zunächst mal mit einem Vorurteil auf. Wenn ich davon erzähle, dass ein Computer meine Kreuzworträtsel erstellt, kommt es schnell zu einem Missverständnis. Manche Menschen denken dann, dass ich den ganzen Tag nichts anderes mache als am Monitor ein paar Knöpfe zu drücken, von einem Computer Rätsel anfertigen zu lassen und dann an meine Kunden weiterzuleiten … schön wäre es. Ganz ohne menschliches Zutun funktioniert meine Tätigkeit nämlich nicht – und wird sie auch nie.

Zum einen habe ich allen Begriffen und Fragen aus meiner Datenbank verschiedenen Schwierigkeitsstufen zugeordnet. Zum anderen erstellt das Computerprogramm den Entwurf je nach gewähltem Schwierigkeitsgrad zwar selbst, aber diesen Entwurf kontrolliere ich immer noch mal und verändere ihn nicht selten eigenhändig. So stelle ich sicher, dass meine Rätsel aktuell bleiben.

Noch entscheidender ist aber, dass ich meine Software seit den ersten Versionen permanent selbst verfeinert habe und auch weiterhin verfeinern werde. Die Welt dreht sich jeden Tag weiter und das muss sich auch in den Rätseln widerspiegeln. Deshalb muss ich die Datenbank regelmäßig aktualisieren. Zugegeben, es gibt Klassiker, die sicher niemals aussterben werden. Darunter fallen sowohl der »Apostel der Grönländer« (»Egede«) und der »südamerikanische Goldhase« (»Aguti«) –

und zwar nicht aus inhaltlichen Gründen, sondern aus reiner Bequemlichkeit: Beide Begriffe beinhalten sowohl gängige Konsonanten als auch viele Vokale, wodurch sie sich perfekt als Verbindungsworte eignen.

Doch neben diesen Klassikern sollte jedes Rätsel Fragen enthalten, die sich auf aktuelle popkulturelle oder gesellschaftliche Trends beziehen. Und dafür ist es wichtig zu wissen, wer verstorben, zurückgetreten oder in Rente gegangen ist; welche Prominenten, egal ob Sänger, Schauspieler oder Sportler, inzwischen angesagt sind – und welche nicht mehr.

Für ältere Generationen zum Beispiel gehörte es zum Allgemeinwissen, den mittlerweile verstorbenen Showmaster Hans Rosenthal zu kennen. Den heutigen Jugendlichen ist er kaum noch ein Begriff. Dafür ist allen die Sängerin bekannt, deren Nachname an einen Angler erinnert. Und auf solche Veränderungen muss ich Rücksicht nehmen. Denn letztendlich hat jeder Rätselmacher ein Ziel: Er will die Rätsel so konstruieren, dass sie ältere und jüngere Generationen gleichermaßen ansprechen. Würde ich die Umschreibungen nicht ständig überwachen und dem Zeitgeist anpassen, würde irgendwann niemand mehr meine Rätsel lösen wollen. Kein Mensch. Und keine Maschine.

Ja, tatsächlich: Es gibt bereits Software, die Kreuzworträtsel lösen kann. Aber das muss nicht das Ende der menschlichen Rätselmacherinnen und Rätselmacher einläuten – sondern kann vielmehr den Aufbruch in eine ganz neue Ära bedeuten. Und zu dieser Software und ihrem Programmierer kommen wir jetzt.

Das Multitalent

Matt Ginsberg ist in ziemlich vielen Dingen ziemlich gut. Er kann extrem gut rechnen und wahnsinnig gut programmieren. Er hat bereits im Jahr 1993 ein Fachbuch namens *Essentials of Artificial Intelligence* geschrieben, das noch heute zu den Standardwerken auf dem Gebiet gehört. Im Jahr 2018 veröffentlichte er zudem seinen eigenen Science-Fiction-Roman mit dem Titel *Factor Man* über einen begnadeten Informatiker, der jeden erdenklichen Code knacken kann. Und Kunstflugzeuge steuern kann er auch. Bloß eine Sache beherrscht Matt nicht ganz so gut: Kreuzworträtsel lösen. Und weil er ein Mensch ist, der erstens Probleme als Herausforderungen sieht, und der sich dabei zweitens gerne von Computern helfen lässt, hat er sich vor einigen Jahren daran gemacht, diese Schwäche zu beheben. Dabei hat er nicht nur viel über sich selbst gelernt, sondern auch über die Magie von Sprache und über die Unterschiede zwischen Menschen und Maschinen.

Aber bevor wir in die Zukunft schauen, ein kurzer Blick zurück in Matts Vergangenheit. Nach seinem Hochschulabschluss an einer amerikanischen Privatschule wechselte er an die berühmte Universität von Oxford. Im Jahr 1980 – damals war er gerade mal 24 Jahre alt – promovierte er dort in Mathematik. Drei Jahre später ging er an die Universität Stanford, in den Neunzigerjahren gründete er ein Forschungsinstitut an der Universität von Oregon. Daraus wurde 1998 die Firma On Time Systems ausgegründet, die er bis zum Jahr 2014 als Vorstandschef leitete.

Mathematiker, KI-Experte, Buchautor, Hochschuldozent, Pilot, Manager ... falls Ihnen bei der Lektüre dieses Lebenslaufs ein bisschen schwindelig wird – keine Sorge: Auch Matt selbst war das wohl alles ein bisschen zu viel. Im Jahr 2005 fühlte er sich derart erschöpft, dass er sich zum ersten Mal im Leben ein paar Monate Leerlauf gönnen wollte. Doch schon bald wusste er nichts mit seiner Zeit anzufangen. Und weil er kein Typ ist, der gut und gerne einfach nur dasitzen kann, fing er an, Kreuzworträtsel zu erstellen. Einige davon reichte er bei Will Shortz und der *New York Times* ein, manche wurden sogar abgedruckt. Aber immer wenn es so weit war, fiel ihm wieder mal auf: Er hatte wenig Probleme, die Rätsel zu erstellen – aber umso mehr Probleme, sie zu lösen. Dieses Gefühl verstärkte sich, als er eines Tages an der amerikanischen Kreuzworträtselmeisterschaft teilnahm. Da saß er nun mit gut 700 anderen Menschen, von denen die meisten besser waren als er.[101] Und das ärgerte ihn. Also beschloss er, ein Computerprogramm zu schreiben, das die Schmerzen seiner Schmach lindern sollte.

Wohlgemerkt: Damit war er nicht der Erste. Der amerikanische Informatiker Michael Littman präsentierte bereits im Jahr 2002 seine Software namens *Proverb*. Dafür hatte er eine Datenbank mit mehr als 5 500 Kreuzworträtseln aus verschiedenen US-Zeitschriften und Rätselportalen gefüttert. Dann legte er dem Programm die Beschreibungen aus 370 Rätseln vor. Und siehe da: Die Software konnte immerhin mehr als 95 Prozent der Wörter korrekt erkennen. So richtig begeistert war Littman davon allerdings nicht: »Damit schneidet *Proverb* zwar besser ab als ein Gelegenheitslöser, aber deutlich schlechter als die Kreuzworträtselmeister«, schrieb er in einer Studie.[102]

Das war natürlich auch Matt Ginsberg bewusst, als er mit der Arbeit an seiner Software begann. Dabei hatte er einen entscheidenden Vorteil gegenüber Littman: Er hatte Zugriff auf wesentlich mehr Daten. Dazu muss man wissen, dass es in den USA ein paar echte Rätselmegafans gibt, die Rätsel aus Zeitungen in ihrer Freizeit elektronisch archivieren – und daher konnte Matt sein Programm mit so ziemlich jedem Rätsel trainieren, das seit Beginn der Neunzigerjahre in der *New York Times*, der *USA Today*, der *Los Angeles Times* und der *Washington Post* erschienen war: mehr als 47 000 Rätsel mit etwa 3,8 Millionen Umschreibungen.[103]

Aber das war noch nicht alles. Matt nutzte außerdem noch eine Liste von 1,2 Millionen Synonymen aus einer Online-Datenbank, 154 000 Wörter mit Deklinationen und Konjugationen sowie die Titel von 8,5 Millionen Wikipedia-Einträgen. Die Ergebnisse seiner Arbeit präsentierte er im Jahr 2011 in einer Studie im Fachmagazin *Journal of Artificial Intelligence Research*. Damals ahnte er anscheinend bereits das Potenzial seiner Kreation: »Die Leistung des Programms deutet darauf hin, dass es zu den 50 besten Kreuzworträtsellösern der Welt gehört.«[104] In jener Arbeit offenbarte Matt auch den Namen seiner Software: Er taufte sie auf den Namen *Dr. Fill*. Dahinter steckt eine doppelte Anspielung. Zum einen auf den in den USA enorm populären Fernseelsorger Phillip McGraw, besser bekannt als »Dr. Phil« – zum anderen auf das englische Wort für ausfüllen: »to fill«.

Doch Matt hatte nicht unzählige Feierabende geopfert, nur um in einem Fachjournal eine Software mit einem witzigen Namen vorzustellen. Nein, er wollte seine Erfindung unbedingt testen – und fand in Will Shortz einen großzügigen Unterstützer.

Mensch gegen Maschine

Der Rätselchef der *New York Times* richtet bereits seit 1978 das American Crossword Puzzle Tournament aus. An der Premiere nahmen 149 Löserinnen und Löser teil, im Jahr 2012 waren es bereits 655 Menschen – und eine Maschine. Denn tatsächlich ließ Shortz *Dr. Fill* am Wettbewerb teilnehmen. Das Ergebnis stellte Matt noch nicht ganz zufrieden, seine Software landete auf Platz 141. Bei den Meisterschaften im Jahr 2017 schaffte sie es immerhin auf den elften Rang: »Dr. Fill war zwar viel schneller als die besten menschlichen Löser«, sagt Matt heute, »aber er machte zu viele Fehler.« Und wer weiß, vielleicht wäre das Programm niemals so bekannt geworden, wenn Matt nicht im Frühjahr 2021 eine E-Mail erhalten hätte.

An der Universität von Kalifornien in Berkeley beschäftigt sich ein ganzes Institut mit »Natural Language Processing«. Dabei versuchen Wissenschaftlerinnen und Wissenschaftler, Maschinen das Erkennen und Verarbeiten von menschlicher Sprache beizubringen, im Deutschen heißt das Fachgebiet Computerlinguistik. Während der Coronapandemie hatten viele Institutsmitglieder damit begonnen, Kreuzworträtsel zu lösen – und so entstand die Idee, ebenfalls eine Software zur Lösung der Rätsel zu programmieren: den *Berkeley Crossword Solver*. Wenige Wochen vor der Meisterschaft fragten die Forscherinnen und

Forscher bei Matt nach, ob sie ihre Systeme nicht zusammenlegen sollten. Denn beide funktionierten anders.

Einfach ausgedrückt: *Dr. Fill* ist sehr gut darin, blitzschnell alle möglichen Lösungswörter in einem Kreuzwortgitter zu durchforsten. Jeder einzelnen Möglichkeit ordnet das Programm dabei eine gewisse Wahrscheinlichkeit zu und entscheidet sich letztlich für die aus seiner Sicht passendste Lösung. So arbeiten Computer. Das System aus Berkeley hingegen verhält sich eher, nun ja, wie ein Mensch.

An dieser Stelle ein kurzer Ausflug in die Welt der künstlichen Intelligenz: Der *Berkeley Crossword Solver* basiert auf einem sogenannten künstlichen neuronalen Netz. Informatikerinnen und Informatiker orientieren sich dafür am Aufbau des menschlichen Gehirns. So wie in unserem Kopf Nervenzellen miteinander verbunden sind, kooperieren bei den Programmen mathematische Funktionen miteinander. Sie greifen dabei auf einen internen Wissensspeicher zurück, den die Programmiererinnen und Programmierer zuvor mit Millionen von Daten gefüttert haben. Dabei kann es sich beispielsweise um Fotos von Personen, Orten und Gegenständen handeln. So wird die Software darauf trainiert, selbstständig Muster und Zusammenhänge zu erkennen. Wenn man das lange genug macht, kann beispielsweise der Autopilot eines selbstfahrenden Autos aus dem Auftauchen lauter gelber Streifen und orangefarbener Hütchen auf eine Baustelle schließen und daraufhin das Tempo drosseln.

Man kann das neuronale Netz aber auch, so wie beim Berkeley-Programm, mit 6 Millionen Umschreibungen und Lösungen aus Kreuzworträtseln füttern. Dann kann es irgendwann nicht nur, so wie *Dr. Fill*, innerhalb von Millisekunden Fakten nachschlagen, die kaum jemand spontan weiß. Es kann außerdem grammatikalische Regeln analysieren, die Bedeutung von Wörtern und Sätzen erkennen, Wortwitze, Anspielungen und Umschreibungen nachvollziehen – und das wiederum ist auch bei kryptischen Kreuzworträtseln à la *Um die Ecke gedacht* oder

Das Kreuz mit den Worten von Vorteil, wenn nicht einfach nur lexikalisches Wissen abgefragt wird.

Wenige Wochen vor der Kreuzworträtselmeisterschaft beschloss Matt, mit den Studierenden zusammenzuarbeiten. *Dr. Fill* war gewissermaßen für den rationalen, mathematischen Part zuständig, er suchte und platzierte die Antworten je nach Wahrscheinlichkeiten. Das System des Berkeley-Teams wiederum entschlüsselte sprachliche Hinweise und Anspielungen. Klingt nach einer unschlagbaren Kombination? Exakt. Bei der Kreuzworträtselmeisterschaft im Jahr 2021 schlug der verbesserte *Dr. Fill* knapp 1 300 Menschen. Der beste menschliche Teilnehmer, der vielfache Meister Tyler Hinman, löste das schwierigste Rätsel in drei Minuten, was per se schon ziemlich beachtlich ist. *Dr. Fill* brauchte für dasselbe Rätsel 49 Sekunden.[105]

Zugegeben, das Programm profitierte von einer Besonderheit des Wettbewerbs: Bei der Rätselmeisterschaft kommt es nicht nur auf Genauigkeit, sondern auch auf Schnelligkeit an – und beim Ausfüllen der Gitter ist die digitale Maschine einem Menschen mit Stift in der Hand meilenweit überlegen. Und dennoch lässt es sich nicht bestreiten: Im Rahmen der Meisterschaft gelang es einer künstlichen Intelligenz zum ersten Mal, Menschen bei einem kryptischen Kreuzworträtsel zu schlagen.

In den entsprechenden Berichten über den Wettbewerb wurden sofort Vergleiche gezogen zu revolutionären Momenten der Technikgeschichte. Matts Erfindung wurde in eine Reihe gesetzt mit dem Supercomputer Deep Blue, der nach jahrelangem Training im Jahr 1997 erstmals den damaligen Schachweltmeister Garri Kasparow besiegte; mit dem Supercomputer Watson, ebenfalls von IBM, der im Jahr 2011 in der amerikanischen Quizshow *Jeopardy* die früheren Gewinner Ken Jennings und Brad Rutter schlug; oder mit Googles Projekt Alpha Go, das im Jahr 2016 den weltbesten Go-Spieler Lee Sedol bezwang.[106] Matts Erfindung erweiterte diese Liste nun um einen weiteren Bereich, in dem Maschinen nun den Menschen überlegen sind. Auch Will Shortz war daher sichtlich verblüfft: »Ich bewundere den Einfallsreichtum, mit dem *Dr. Fill* so programmiert wurde, dass er schwierige und auch knifflige Kreuzworträtsel so gut löst.«[107]

Matt hätte seinen Triumph auskosten, das System noch weiter verfeinern, auf andere Rätselspiele ausweiten oder vielleicht sogar zu Geld machen können. Aber er tat nichts von alledem – sondern schickte *Dr. Fill* in Rente. Aber wieso?

Im persönlichen Gespräch reagiert er auf meine Frage ziemlich gelassen. Nach dem Erfolg beim Turnier hatte er Freunde und Kollegen gesprochen, die sich mit ähnlichen Themen beschäftigt hatten – darunter auch die Entwickler von Deep Blue oder Alpha Go. Und alle sagten dasselbe: »Hör bloß auf!« Genau das hatten die Entwickler der anderen künstlichen Intelligenzen auch getan, nachdem sie die menschlichen Experten besiegt hatten. Ihr Vorhaben war gewesen, Menschen zu besiegen, und das hatten sie erreicht: »Nun gab es nichts mehr zu beweisen«, sagt Matt, der mittlerweile bei X arbeitet, einer Forschungsabteilung der Google-Holding Alphabet. Trotzdem bereut er nicht, so viel Zeit in das Projekt investiert zu haben – auch weil er die daraus gezogenen Lektionen nicht missen möchte. Matt ist davon überzeugt, dass der Triumph seiner Rätselmaschine kein Anlass zur Sorge, sondern Grund zur Freude ist. Und ich neige dazu, ihm zuzustimmen.

Matts Projekt deutet darauf hin, dass es zu neuen Formen der Zusammenarbeit zwischen Mensch und Maschine kommen wird, bei der beide Seiten ihre Stärken einbringen. Computer sind zweifellos besser darin, sich rasend schnell durch Berge von Daten zu wühlen, als das menschliche Auge (und Kreuzworträtsel schneller mit den richtigen Begriffen ausfüllen, das können sie auch). Aber auch Menschen haben ihre ganz eigenen Vorteile – was offensichtlich wird, wenn man auf *Dr. Fills* Schwächen blickt.

Er scheitert zum Beispiel an Umschreibungen wie »englischer Schnee, 180 Grad«. Ein Mensch kommt irgendwann auf die Idee, das Wort »snow« um 180 Grad zu drehen. So findet er die richtige Lösung »mous«. *Dr. Fill* sucht in seinem Datenspeicher vergeblich nach einer Antwort.[108] Derart um die sprich-wörtliche Ecke zu denken, mit Buchstaben und Worten zu spie-len – das liegt vielen Menschen, aber keiner Maschine. Sprache lässt sich eben nicht immer nur logisch berechnen. Vielmehr ist es eine zutiefst menschliche Eigenschaft, mit Wörtern zu spielen – und diese Magie kann man einem Computer nur bis zu einer gewissen Grenze beibringen. Genau genommen zeigt das Projekt also nicht nur das Potenzial der Computer, sondern auch deren natürliche Grenzen. Daher verstehe ich Matts Expe-riment als Ansporn: Wir werden weiterhin Wege finden, um kreativer und origineller zu sein als die Maschinen – zumal die ohnehin nur lösen können, was Rätselautoren sich zuvor aus-gedacht haben. Auf ein Killer-Sudoku mit zusätzlichen Regeln kommt eben keine Software, sondern nur ein Mensch. Ein Rätsel wie *Das Kreuz mit den Worten* mit all seinen sprachlichen Finessen und seinem speziellen Humor kann ein Computer viel-leicht lösen, aber nicht von sich aus erstellen (geschweige denn: sich ein komplett neues Rätsel ausdenken).

Und nicht zuletzt bietet jede Denksportaufgabe, egal ob Rät-sel, Quiz oder Sudoku, eine einzigartige Gelegenheit: »Auf die großen Fragen nach dem Sinn des Lebens oder dem Ursprung des Universums gibt es keine endgültigen Antworten«, schrieb vor einigen Jahren der kanadische Anthropologe Marcel Danesi, »umso beruhigender sind die Antworten, die in den kleinen Fragen der Rätsel enthalten sind.«[109]

Anmerkungen

1   Marcel Danesi: *The Puzzle Instinct. The Meaning of Puzzles in Human Life*, Indiana University Press 2002.
2   Ebd., S. 25.
3   Quelle: https://www.ifd-allensbach.de/fileadmin/AWA/AWA2022/ Codebuchausschnitte/AWA2022_Sport_Freizeit.pdf
4   Quelle: https://de.statista.com/statistik/daten/studie/171168/ umfrage/haeufig-betriebene-freizeitaktivitaeten/
5   Quelle: https://de.statista.com/statistik/daten/studie/796288/ umfrage/umsatz-mit-gesellschaftsspielen-in-deutschland/
6   Quelle: https://de.statista.com/statistik/daten/studie/796431/ umfrage/umfrage-zu-den-beliebtesten-arten-von-gesellschaftsspielen/
7   Quelle: https://www.rtl.de/cms/wer-wird-millionaer-feiert-20-jubilaeum-alle-zahlen-fakten-der-rtl-quizshow-2080416.html
8   Quelle: https://de.statista.com/statistik/daten/studie/1112579/ umfrage/bevoelkerung-in-deutschland-nach-altersgruppen/
9   Quelle: https://de.statista.com/statistik/daten/studie/665080/ umfrage/umfrage-zur-freizeit-beschaeftigung-kreuzwortraetsel-sudoku-loesen-nach-lebensphase/
10   Dominic Olivastro: *Ancient Puzzles. Classic Brainteasers and Other Timeless Mathematical Games of the Last 10 Centuries*, Bantam Books, 2008.
11   Quelle: https://www.ibm.com/downloads/cas/1VZV5X8J
12   Quelle: https://www.weforum.org/agenda/2020/10/top-10-work-skills-of-tomorrow-how-long-it-takes-to-learn-them/
13   Ulrike Kipman: *Problemlösen*, Springer Gabler 2020.
14   Andrea Stocco et al. (2021): »Individual Differences in Reward-Based Learning Predict Fluid Reasoning Abilities«, in: *Cognitive Science*, 45(2).
15   Quelle: https://www.technologynetworks.com/neuroscience/news/ researchers-explore-the-brain-during-puzzle-solving-346350
16   Moshe Rubinstein: *Patterns of Problem Solving*, Prentice Hall 1975.
17   Ulrike Kipman: *Problemlösen*, Springer Gabler 2020, S. 7.
18   Tania Singer et al. (2003): »The Fate of Cognition in Very Old Age: Six-Year Longitudinal Findings in the Berlin Aging Study (BASE)«, in: *Psychology and Aging*, 18(2), S. 318-331.

19 Roger Staff et al. (2018): »Intellectual Engagement and Cognitive Ability in Later Life (the ›Use It or Lose It‹ Conjecture). Longitudinal, Prospective Study« in: *British Medical Journal*, 363.

20 Ebd.

21 Quelle: https://theconversation.com/does-problem-solving-really-protect-against-cognitive-decline-in-old-age-108448

22 Joshua Jackson et al. (2012): »Can an Old Dog Learn (and Want to Experience) New Tricks? Cognitive Training Increases Openness to Experience in Older Adults«, in: *Psychology and Aging*, 27(2), S. 286-292.

23 Edward Bennett et al. (1969): »Rat Brain: Effects of Environmental Enrichment on Wet and Dry Weights«, in: *Science*, 163.

24 Quelle: https://www.projekt-gutenberg.org/schwab/sagen/sch1532.html

25 Quelle: https://www.themarginalian.org/2015/04/16/a-questionnaire-for-the-immodest-and-curious-nabokov-letters-to-vera/

26 François Fricker: »Meerschweinchen und Beethoven«, in: *Tagesanzeiger*, 14.1.1998, S. 3.

27 Quelle: https://www.stjo.hn/projects/the-man-with-half-a-million-followers/

28 Quelle: https://theconversation.com/brain-training-isnt-just-a-modern-phenomenon-the-edwardians-were-also-fans-29515

29 Quelle: https://www.theguardian.com/lifeandstyle/2012/aug/31/change-life-pelmanism-mind-trainning

30 https://www.coherentmarketinsights.com/press-release/brain-training-apps-market-3726

31 Quelle: https://www.cognifit.com/whats-cognifit

32 Quelle: https://longevity.stanford.edu/a-consensus-on-the-brain-training-industry-from-the-scientific-community-/

33 Quelle: https://www.cognitivetrainingdata.org/the-controversy-does-brain-training-work/response-letter/

34 Daniel Simons et al. (2016): »Do ›Brain-Training‹ Programs Work?«, in: *Psychological Science in the Public Interest*, 17(3), S. 103-186.

35 Quelle: https://www.ftc.gov/news-events/news/press-releases/2016/01/lumosity-pay-2-million-settle-ftc-deceptive-advertising-charges-its-brain-training-program

36 Quelle: https://www.lumosity.com/en/blog/6-interesting-facts-about-lumosity-users

37 Brian Skotko et al. (2004): »Puzzling Thoughts for H.M.: Can New Semantic Information Be Anchored to Old Semantic Memories?«, in: *Neuropsychology*, 18(4), S. 756-769.

38 Quelle: https://www.nytimes.com/2010/12/07/science/07memory.html

39 Quelle: https://dorsch.hogrefe.com/stichwort/arbeitsgedaechtnis

40 Michael Toma et al. (2004): »Cognitive Abilities of Elite Nationally Ranked SCRABBLE and Crossword Experts«, in: *Applied Cognitive Psychology*, 28, S. 727-737.

41 Anne Corbett et al.(2019): »The Relationship Between the Frequency of Number Puzzle Use and Baseline Cognitive Function in a Large Online Sample of Adults Aged 50 and Over«, in: *International Journal of Geriatric Psychiatry*, 34(7), S. 932-940.

42 Patrick Fissler et al. (2018): »Jigsaw Puzzling Taps Multiple Cognitive Abilities and Is a Potential Protective Factor for Cognitive Aging«, in: *Frontiers in Aging Neuroscience*, 10, S. 299.

43 Bei einem Kakuro handelt es sich um ein Zahlenlogikrätsel, das in seinem Aufbau einem Schwedenrätsel (also einem Kreuzworträtsel mit Wortdefinitionen in den Rätselkästchen) ähnelt. Die Regeln sind folgende: In jedes leere, weiße Feld ist eine Zahl von 1 bis 9 einzutragen. Die Summe der Zahlen in den Streifen horizontal oder vertikal benachbarter weißer Felder ist in den schwarzen Feldern davor bzw. darüber vorgegeben (wie die Wortdefinitionen in einem Schwedenrätsel). In einer Summe, die sich aus einem solchen weißen Streifen ergibt, darf eine Zahl nicht mehrfach vorkommen.

44 Quelle: https://www.newyorker.com/tech/annals-of-technology/ does-wordle-prove-that-we-can-have-nice-things-on-the-internet

45 Jeden Tag ein neues digitales Wordle gibt es hier: https://ps-heine.de/ raetsel-digital/

46 Quelle: https://www.theguardian.com/games/2022/jan/31/ wordle-new-york-times-buys

47 Quelle: https://twitter.com/dylanbyers/status/1498311083458633728

48 Marcel Danesi: *The Puzzle Instinct. The Meaning of Puzzles in Human Life*, Indiana University Press 2002, S. 63.

49 David Astle: *Puzzled. Secrets and Clues from a Life in Words*, Profile Books 2012.

50 Quelle: https://www.newyorker.com/magazine/2021/12/27/ escaping-into-the-crossword-puzzle

51 Quelle: https://www.nytimes.com/2017/12/18/insider/how-the-new-york-times-crossword-puzzle-got-its-start-in-a-time-of-war.html

52 Quelle: https://de.statista.com/statistik/daten/studie/913948/ umfrage/beliebteste-twitch-channels-nach-der-anzahl-der-followern-weltweit/

53 Quelle: https://www.youtube.com/watch?v=J0rbdOueOlI

54 Arie Kruglanski und Donna Webster (1996): »Motivated Closing of the Mind: ›Seizing‹ and ›Freezing‹«, in: *Psychological Review*, 103(2), S. 263-283.

55 Bluma Zeigarnik (1927): »Über das Behalten von erledigten und unerledigten Handlungen«, in: *Psychologische Forschung*, S. 9.

56 Ob Homer durch dieses Rätsel schlussendlich wirklich gestorben ist, ist leider nicht sicher nachzuweisen.

57 Quelle: https://www.nytimes.com/2021/04/28/crosswords/
crosswords-puzzles-solverstories-sosin.html
58 Georgia Clay et al. (2022): »Rewarding Cognitive Effort Increases
the Intrinsic Value of Mental Labor«, in: *Proceedings of the National
Academy of Science*, 119(5).
59 Ebd.
60 John Cacioppo und Richard Petty (1982): »The Need for Cognition«,
in: *Journal of Personality and Social Psychology*, 42(1), S. 116-131.
61 John Cacioppo et al. (1984): »The Efficient Assessment of Need for
Cognition«, in: *Journal of Personality Assessment*, 48(3), S. 306-307.
62 Robert Franken und Douglas Brown (1995): »Why Do People Like
Competition? The Motivation for Winning, Putting Forth Effort,
Improving One's Performance, Performing Well, Being Instrumen-
tal, and Expressing Forceful/Aggressive Behavior«, in: *Personality
and Individual Differences*, 19(2), S. 175-184.
63 Andreas Leibbrandt, Uri Gneezy und John List (2013): »Rise and
Fall of Competitiveness in Individualistic and Collectivistic
Societies«, in: *Proceedings of the National Academy of Sciences*,
110(23).
64 Unbekannter Autor: »Am Ursprung des ›Zahlen-Zen‹«, in: *Neue
Züricher Zeitung*, 10.6.2007, Nr. 23, S. 88.
65 Norman Triplett (1898): »The Dynamogenic Factors in Pacemaking
and Competition«, in: *The American Journal of Psychology*, 9(4),
S. 507-533.
66 Gavin Kilduff (2014): »Driven to Win: Rivalry, Motivation and
Performance«, in: *Social Psychological and Personality Science*, 5(8),
S. 944-952.
67 Nir Milstein et al. (2022): »Rivalry and Performance: A Systematic
Review and Meta Analysis«, in: *Organizational Psychology Review*,
12(3).
68 Früher standen in den Kästchen nur Zahlen, die dazugehörigen
Fragen waren außerhalb des Rätsels platziert. In Schweden schrieb
man die Fragen 1954 erstmals in Kästchen, so wie es heute üblich
ist. Deshalb heißen Kreuzworträtsel heute auch Schwedenrätsel.
69 Konrad Ohlert: *Rätseln und Gesellschaftsspielen der alten Griechen*,
1886.
70 Renate Laszlo: *Germanische Rätseltradition. Die Zeit, der Fisch im Fluss
und andere Rätsel*, Tectum, 2001.
71 C. D. Hardin und E. T. Higgins: »Shared Reality: How Social
Verification Makes the Subjective Objective«, in: E. T. Higgins und
R. M. Sorrentino (Hrsg.): *Handbook of Motivation and Cognition: The
Interpersonal Context*, Guilford Press 1996, Bd. 3, S. 28-84.
72 Maya Rossignac-Milon und Tory Higgins (2018): »Epistemic
Companions: Shared Reality Development in Close Relationships«,
in: *Current Opinion in Psychology*, 23, S. 66-71.

73 Robert Cialdini (1976): »Basking in Reflected Glory: Three (Football) Field Studies«, in: *Journal of Personality and Social Psychology*, 34(3), S. 366-375.

74 Quelle: https://manabink.com/en/2020/10/10/what-is-real-escape-game-originally-from-japan/

75 Diego A Reinero et al. (2021): »Inter-Brain Synchrony in Teams Predicts Collective Performance«, in: *Social Cognitive and Affective Neuroscience*, 16(1-2), S. 43-57.

76 Patrick Laughlin et al. (2006): »Groups Perform Better Than the Best Individuals on Letters to Numbers Problems: Effect of Group Size«, in: *Journal of Personality and Social Psychology*, 90, S. 644-651.

77 Wolf Lepenies: »Wie man Bildung reformiert«, in: *Süddeutsche Zeitung*, 03.05.2003, Ausgabe Deutschland, S. 16.

78 Reto Schneider.»Wenn Sie dieses Rätsel lösen, haben Sie einen Gehirnschaden«, in: *NZZ Folio*, 01.12.2007.

79 Karl Duncker (1945): »On Problem Solving«, in: *Psychological Monographs*, 58(5), S. i-113.

80 Maier, N. R. F. (1931): »Reasoning in Humans. II. The Solution of a Problem and its Appearance in Consciousness«, in: *Journal of Comparative Psychology*, 12(2), S. 181-194.

81 Mark Beeman und John Kounios: *Das Aha-Erlebnis*, dtv 2015.

82 R. W. Smith und J. Kounios (1996): »Sudden Insight: All-or-None Processing Revealed by Speed-Accuracy Decomposition«, in: *Journal of Experimental Psychology: Learning, Memory, and Cognition*, 22, S. 1443-1462.

83 M. Jung-Beeman et al. (2004): »Neural Activity When People Solve Verbal Problems with Insight«, in: *PLoS Biology*, 2, S. 500-510.

84 Mark Beeman und John Kounios: *Das Aha-Erlebnis*, dtv 2015.

85 Carola Salvi et al. (2015): »Sudden Insight is Associated with Shutting Out Visual Inputs«, in: *Psychonomic Bulletin & Review*, S. 1-6.

86 Mark Beeman und John Kounios: *Das Aha-Erlebnis*, dtv 2015.

87 Benjamin Baird et al. (2012): »Mind-Wandering Facilites Creative Incubation«, in: *Psychological Science*.

88 U. N. Sio und T. C. Ormerod (2009): »Does Incubation Enhance Problem Solving? A Meta-Analytic Review«, *Psychological Bulletin*, 135, S. 94-120.

89 Robert-Koch-Institut (Hrsg.): *Gesundheitsberichterstattung des Bundes Heft 27: Schlafstörungen*, 2005, S. 19.

90 Quelle: https://www.schwaebische.de/home_artikel,-stress-im-job-viele-deutsche-schlafen-schlecht-_arid,4103682.html

91 Quelle: https://www.sleephealthfoundation.org.au/files/pdfs/agm/SHF-AnnualReport-DRAFT_4_131020.pdf

92 Quelle: https://www.nhtsa.gov/risky-driving/drowsy-driving

93 Timothy Wilson (2014): »Just Think: The Challenges of the Disengaged Mind«, in: *Science*, 345(6192), S. 75-77.

94 Mihaly Csikszentmihalyi und Isabella Selega Csikszentmihalyi: *Optimal Experience. Psychological Studies of Flow in Consciousness,* Cambridge University Press 1988.

95 Quelle: http://www.zeno.org/Literatur/M/Tolstoj,+Lev+Nikolaevi-%C4%8D/Romane/Anna+Karenina/Dritter+Teil/5.?hl=ljewin+sense

96 Mihaly Csikszentmihalyi und Isabella Selega Csikszentmihalyi: *Optimal Experience. Psychological Studies of Flow in Consciousness,* Cambridge University Press 1988.

97 Ebd.

98 Sonia Bishop (2008): »Trait Anxiety and Impoverished Prefrontal Control of Attention«, in: *Nature Neuroscience,* 12, S. 92-98.

99 Quelle: https://www.nytimes.com/2017/08/01/insider/will-shortz-a-profile-of-a-lifelong-puzzle-master.html

100 Quelle: https://www.nytco.com/press/both-cooking-and-games-reach-1-million-subscriptions/

101 Quelle: https://www.bbc.com/news/technology-56934716

102 Michael Littman et al. (2022): »A Probablistic Approach to Solving Crossword Puzzles«, in: *Artificial Intelligence,* 134, S. 23-55.

103 Matthew Ginsberg (2011): »Dr.Fill: Crosswords and an Implemented Solver for Singly Weighted CSPs«, in: *Journal of Artificial Intelligence Research,* 42, S. 851-886.

104 Ebd.

105 Quelle: https://slate.com/technology/2021/04/american-crossword-puzzle-tournament-dr-fill-artificial-intelligence.html

106 Quelle: https://www.deepmind.com/research/highlighted-research/alphago/the-challenge-match

107 Quelle: https://www.wired.com/story/crossword-ai-humans-way-with-words/

108 Quelle: https://www.theatlantic.com/technology/archive/2012/03/meet-dr-fill-the-computer-who-may-best-the-worlds-top-crossword-puzzle-solvers/254378/

109 Marcel Danesi: *The Puzzle Instinct. The Meaning of Puzzles in Human Life,* Indiana University Press 2002, S. 36.